AF279932

VORWORT

Der Suizid des eigenen Kindes gehört zu den schmerz-
lichsten Erfahrungen, die ein Mensch machen kann. Pam
Metzeler hat diese Erfahrung machen müssen. Der Tod
ihres Sohnes hat sie selbst an den Rand ihrer Existenz gebracht. In ihrem zweiten Buch schildert Pam nun auf klare, unsentimentale und zugleich sehr berührende Weise
ihren Weg nach diesem ungeheuren Verlust. Dabei wird
deutlich, dass sie den Tod von Timo nicht »irgendwie
verarbeitet«, dass sie die Verzweiflung und Trauer nicht
ins Gedankenlose und Ungelebte verdrängt. Sie bleibt
aber auch nicht an diesem Verlust, an diesem toten Sohn
kleben, unbeweglich und in Verzweiflung immer daran
denkend. Vielmehr beschreibt Pam eine Entwicklung, die
weit über die Auseinandersetzung mit dem Suizid ihres
Sohnes hinausgeht und zu einer psychischen Entwicklung ihrer selbst wird.

Sie bewegt sich aus festgefahrenen Vorstellungen über
ihren Platz im Leben und in der Gesellschaft heraus und
dringt in Bereiche vor, die ihr bisher verschlossen schienen: Sie engagiert sich auf vielfältige Weise in der Suizidprävention. Sie wird Mitstreiterin im *Nationalen Suizidpräventionsprogramm (NaSPro)*, bringt sich, ihre Erfahrungen und ihr Wissen in Arbeitsgruppen, im *Bündnis für
Suizidprävention* und in der Steuerungsgruppe des *Na-
SPro* ein. Sie beschränkt sich aber nicht auf Aktivitäten

zur Suizidprävention. Auch sie selbst bewegt sich in Richtung vielfältiger Ausbildungen in Beratung, Krisenintervention, Trauma- und Psychotherapie; eine Entwicklung, die sie selbst von einer Einschränkung zu befreien scheint. Trotz aller Angst, Trauer und Verzweiflung geht Pam Metzeler in ein aktives Leben.

Dass sie den Schmerz des Verlustes weder umgeht, noch in ihm stecken bleibt, wird meines Erachtens besonders deutlich an dem Pilgerweg, den sie am Ende dieses Buches beschreibt. Niemand pilgert ohne einen Grund in seinem Leben. Dieses Abenteuer, auf das sie sich einlässt, ist nicht nur der Jakobsweg, sondern ein persönlicher Entwicklungsprozess, individuell und einzigartig.

Und obwohl jeder Mensch nach dem Verlust eines geliebten Menschen durch Suizid seinen eigenen Weg gehen muss, zeigt Pam Metzeler mit diesem Buch, dass und wie so etwas möglich ist: Indem man sich dem Leben aussetzt, seinen Herausforderungen, seinen Begegnungen, seinem Scheitern und seinem Gelingen.

Ich wünsche dem Buch und seinen Leserinnen und Lesern alles Gute!

Prof. Dr. Reinhard Lindner,
Geschäftsführende Leitung des NaSPro

WAY BACK

WIE ICH NACH DEM SUIZID MEINES
SOHNES WIEDER GLÜCKLICH WURDE

von Pam Metzeler
und Anna Castronovo

Bibliografische Information der Deutschen Nationalbibliothek: Die Deutsche Nationalbibliothek verzeichnet diese Publikation in der Deutschen Nationalbibliografie. Detaillierte bibliografische Daten sind im Internet über http://dnb.dnb.de abrufbar.

© 2025 Pam Metzeler und Anna Castronovo
www.anna-castronovo.de
Covergestaltung: Giusy Amè / www.magicalcover.de
Bildquelle: Depositphoto / Pixabay
Verlag: BoD · Books on Demand GmbH, Überseering 33,
22297 Hamburg, bod@bod.de
Druck: Libri Plureos GmbH, Friedensallee 273,
22763 Hamburg

ISBN: 978-3-8192-7884-6

Für Timo

Ich bin nicht tot.
Ich bin in einem anderen Raum.
Lebe in Euch weiter.
Und lebe nun meinen Traum.

IRGENDWIE ÜBERLEBEN

Ich schrecke aus dem Schlaf hoch. Da ist ein Geräusch im Haus. Ich stehe auf und schleiche in den Hausgang, sehe die Tür ins Schloss fallen. Ich öffne sie. Zwischen den Häusern gegenüber verschwindet ein Schatten. Mein Herz beginnt zu rasen. Wer ist das?

Es ist eiskalt und es regnet, trotzdem renne ich dem Schatten im Schlafanzug und barfuß hinterher. Ich habe ein mulmiges Gefühl und auch etwas Angst, aber vor was, kann ich nicht sagen. Ich kann den Schatten nicht mehr sehen, laufe ich einfach in die Richtung weiter, in der er verschwunden ist. Meine Füße sind voller Matsch und der Pyjama klebt nass an meinem Körper, aber das ist mir egal. Ich muss hinterher.

Auf einmal stehe ich vor einem erhöhten Bahngleis und sehe oben jemanden auf den Gleisen liegen. Um Gottes willen! Panik überkommt mich, ich spüre Regen und Kälte nicht mehr, versuche nur, zwischen den Brombeeren die Böschung hochzuklettern. Die Stacheln zerkratzen mir die Arme.

Ich höre den Zug kommen, fühle die Vibrationen der Gleise. Die Hälfte habe ich schon geschafft. Mein Herz bleibt kurz stehen. Das ist Timo! Ich schreie, so laut ich kann: »Steh auf, bitte steh auf!«, aber er reagiert nicht.

Fast habe ich ihn erreicht. Gerade will ich nach seiner Hand greifen, da kommt der Zug mit kreischenden Rädern und der Sog schleudert mich die Böschung runter. Ich liege auf dem Rücken und schreie nur noch. Ich habe es nicht geschafft, mein Kind zu retten.

Schweißgebadet wache ich auf. Dieser Albtraum, der mich seit Jahren immer wieder heimsucht, ist der blanke Horror. Danach wieder einzuschlafen, ist undenkbar. Ich zittere, habe Angst und weine, obwohl Timos Tod schon acht Jahre her ist.

Acht Jahre. Wohin ist die Zeit gegangen? Sie ist an mir vorbeigeflogen. Im Oktober 2016, als sich mein Sohn Timo mit 17 Jahren das Leben nahm, hätte ich nie gedacht, dass ich das überlebe. Es war ein harter Kampf, aber ich würde behaupten, ich habe ihn gewonnen. Ich bin wieder ein glücklicher Mensch.

Was Dark Way bewirkt hat
Einen wichtigen Beitrag dazu hat mein erstes Buch *Dark Way – Die Geschichte eines Suizids* geleistet. Ich ging ins Sozialpädiatrische Zentrum, in dem Timo vor seinem Tod behandelt wurde. Das Gespräch mit dem Arzt dort lief super und ich merkte, dass meine Geschichte etwas bewirken kann. Das war für mich der Startpunkt, um nach der ersten schlimmen Trauerphase wieder aufzustehen. Timo hat mir eine Aufgabe hinterlassen. Und egal, welche Steine in meinem Weg liegen, ich muss sie wegräumen, um dem Tod meines Sohnes einen Sinn zu geben. Es kann und darf nicht umsonst gewesen sein, dass er gestorben ist.

Viele Menschen haben mich nach dem Erscheinen von *Dark Way* gefragt, ob es geholfen hat, mir alles von der Seele zu schreiben. Tatsächlich hat es mir kein bisschen geholfen. Was mir aber gutgetan hat, waren die vielen positiven Reaktionen und Nachrichten, die mich erreicht haben. Es waren Hunderte! Und ich beantwortete sie alle.

Ich hatte natürlich schon Resonanz von Freunden und Bekannten erhalten, aber es war ja klar, dass die mir nur schöne Sachen sagen. Dass nun Freundschaftsanfragen bei Facebook und Nachrichten von Fremden kamen, war ein seltsames Gefühl, irgendwo zwischen Freude und tiefer Traurigkeit. Es machte mich glücklich, dass ich den Menschen helfen konnte und zugleich tieftraurig, weil der Preis dafür einfach viel zu hoch war - und das wird er auch immer bleiben.

Sogar handschriftliche Briefe mit Fotos der Verstorbenen kamen im Studio an. Ich kann in diesen Briefen regelrecht spüren, wie es den Angehörigen geht und durch die Fotos bekommen die Verstorbenen ein Gesicht.

Die Nachricht einer Mutter, die schrieb, dass ihr Kind nicht mehr leben würde, wenn dieses Buch nicht gewesen wäre, trieb mir die Tränen in die Augen. Gleichzeitig machte sie mich auch ein bisschen glücklich, weil ich nun wusste, dass Timo nicht umsonst gestorben ist. Er wollte immer allen helfen und dies kann er nun über den Tod hinaus mit seiner Geschichte tun.

Die meisten Leute bedankten sich nur, aber manche erwarteten sich auch Hilfe von mir. Ich sagte ihnen, wer ihnen wie und wo weiterhelfen kann, suchte Adressen, zuständige Stellen oder Behörden in ihrer Wohngegend raus. Egal ob Klinik, Ärzte, Selbsthilfegruppen, Therapeuten oder der sozialpsychiatrische Dienst, der eigentlich in jeder Stadt vorhanden ist. Komischerweise fühlte ich in diesen Momenten weniger Trauer. Anscheinend half meine Beratung nicht nur anderen weiter, sondern auch mir selbst.

Einmal klingelte es an meiner Haustür. Als ich öffnete, stand eine Frau mit ihrem Hund da. Als sie etwas sagen wollte, fing sie an zu weinen. Sie konnte vor lauter schluchzen erst mal gar nicht reden, brachte dann unter Unmengen an Tränen raus, dass sie sich für dieses Buch bedanken wollte. Ich bat sie erst einmal rein und gab ihr einen Kaffee. Sie erzählte mir ihre ganze Geschichte, unter anderem, dass sie die Depressionen ihres Sohnes nur erkannt hat, weil sie das Buch gelesen hat, und dafür wollte sie sich einfach bedanken. Diese Momente, in denen ich richtig spüre, wie sehr es anderen hilft, unsere Geschichte zu lesen, sind unbeschreiblich. Und sie machen Timo in gewisser Art und Weise unsterblich.

Auch die Reaktionen in meinem Dorf waren überwältigend. Vor *Dark Way* gingen mir ganz viele Leute aus dem Weg. Sah ich sie an, schauten sie weg. Nachdem sie das Buch gelesen hatten, kamen sie auf mich zu, luden mich zum Kaffee ein oder sagten, es würde ihnen leidtun, aber sie hätten einfach nicht gewusst, was sie sagen sollten.

Wenn ich so drüber nachdenke, wäre ich vor Timos Tod vermutlich genauso gewesen. Was soll man denn zu jemandem sagen, dessen Kind tot ist? Aber tatsächlich wünscht man sich als Betroffener in diesem Moment einfach nur ein Stück Normalität zurück. Also scheut euch nicht, geht den Menschen nicht aus dem Weg, wenn sie einen unerwarteten Todesfall erlebt haben, egal ob Suizid, natürlicher Tod oder Unfall. Sprecht mit ihnen.

Viele Menschen fragten mich, warum ich *Dark Way* überhaupt geschrieben habe. Nach dem Tod von Timo kamen viele Jugendliche auf mich zu und sagten: »Meinen Eltern geht es viel besser, wenn ich nicht mehr da bin.« Das schockte mich. Ich dachte damals: Das kann und darf nicht sein! Ihr müsst unbedingt erfahren, was es für Eltern wirklich bedeutet, sein Kind zu verlieren und dann noch auf so tragische Weise. Es sollte ein Buch geben, das schmal wie eine Klassenlektüre ist, damit niemandem beim Anblick eines dicken Schinkens die Lust vergeht. Und es müsste günstig sein, damit es sich jeder leisten kann. Genau das war der Grund, warum ich mich entschlossen habe, *Dark Way* zu veröffentlichen.

Viele Jugendliche schrieben mir, dass sie das Thema nun mit anderen Augen sehen, seit sie das Buch gelesen haben. Durch Timos Geschichte haben sie gespürt, dass sie mit ihren Sorgen, Problemen und Depressionen nicht alleine sind. Auch Suizid-Hinterbliebene schrieben mir, dass sie sich voll und ganz mit meiner Geschichte identifizieren können und sie ihnen sehr bei der Trauerbewältigung geholfen hat. Mit dieser Resonanz haben meine Co-Autorin Anna und ich nicht gerechnet. Das haute uns echt um.

Was die Fachwelt sagt

Ich wollte meine Geschichte deshalb noch weiter verbreiten und kam auf die Idee, alle Fachzeitschriften, Fachleute und Ärzte anzuschreiben, ob sie nicht ein Exemplar haben möchten, um es zu rezensieren. Ich glaube, es waren an die 200 E-Mails, die ich verschickt habe. Und wieder ein Erfolg: Viele wollten *Dark Way* lesen und über zehn Zeitschriften haben tatsächlich Rezensionen abgedruckt. Hier eine kleine Auswahl:

»PFAD – Fachzeitschrift für die Pflege- und Adoptivkinderhilfe«: Die klare Botschaft: Das Thema Suizid totzuschweigen ist keine Lösung.

»Psychotherapie Berufsentwicklung«: Ich empfehle es allen Psychotherapeuten und Therapeutinnen als Horizonterweiterung aus der Perspektive einer betroffenen Angehörigen.

»WITA- Wiener Institut für Transaktionsanalyse und Systeme«: Das Buch bietet eine Art Handlungsleitfaden: Welche Verhaltensweisen lassen eine Krise erkennen, wie kann das Thema innerhalb einer Familie angesprochen werden und welche konkreten Schritte sind notwendig. Egal, ob als Psychotherapeutin oder als Elternteil, man denkt nach, wenn man das Buch zu Ende gelesen hat. Und damit hat die Autorin genau das erreicht, was sie als Mutter eines Schienentoten erreichen wollte.

»Suizidprophylaxe – Theorie und Praxis«: Dass die Mutter als Autorin die Kraft fand, alles niederzuschreiben und mit Hilfe einer schreiberfahrenen Freundin sogar in ein Buchformat zu bringen, ist bewundernswert.

»IZPP – Internationale Zeitschrift für Philosophie und Psychosomatik«: Das Buch ist lesenswert für Psychiater, Psychotherapeuten, Pädagogen und andere Fachleute in sozialen Kontexten – also auch für Väter und Mütter. Besonders wird man als Fachmann oder Fachfrau wohl bei den Darstellungen therapeutischer Kontakte ins Nachdenken kommen und sich nochmals neu die Frage stellen müssen, wie wir mit suizidgefährdeten Menschen umgehen, aber auch, wie wir auf den Schmerz der Angehörigen therapeutisch und menschlich reagieren. Hier wird ein nachhaltiges, fachliches Dilemma deutlich!

Ich war verblüfft. Dieser Rezensent kreidete sogar die eigenen Reihen an! Wenn allein der Autor dieser Rezension in Zukunft darüber nachdenken würde, ob die angewendete Therapieform bei Trauer auch die richtige ist, dann war schon viel geholfen. Genau das wollte ich bewirken: ein Umdenken, ein Aufmerksammachen, dass es in diesem Bereich Defizite gibt. Ich will niemandem vorwerfen, dass er Fehler macht, sondern lieber Fehler aufzeigen, um diese in Zukunft zu vermeiden.

Sogar das ZDF-Magazin *Frontal 21* wurde auf meine Geschichte aufmerksam und strahlte einen Fernsehbeitrag aus, in dem ich zu Wort kam. Wow, wir hätten nie gedacht, dass wir mit *Dark Way* so viele Menschen erreichen können und dass auch die Fachwelt so positiv auf das Buch reagiert.

Hater-Nachrichten

Natürlich erreichen mich auch jede Menge Hater-Nachrichten. Ein Vorwurf lautete, ich würde aus dem Tod meines Sohnes Geld rausschlagen, was völliger Schwachsinn ist. Anna und ich haben das Buch zum Selbstkostenpreis herausgebracht, damit auch Jugendliche, die wenig Geld haben, es sich leisten können.

Ein weiterer Vorwurf lautete, ich hätte meinen Mann in dem Buch bloßgestellt. Das ist Blödsinn. Dass und wie Jürgen in *Dark Way* vorkommt, war natürlich auch seine Entscheidung. Nach Timos Tod habe ich sehr viele Bücher über Suizid gelesen und darin stand oft, vorher sei in der Familie heile Welt gewesen und die Beziehungsprobleme, die danach kamen, wurden ebenfalls immer heruntergespielt. Ich fand das verlogen und verharmlosend. Ich wollte, dass alle Menschen die Wahrheit erfahren: Wie schlimm es wirklich ist, sein Kind auf diese Weise zu verlieren, und dass dies die ganze Familie und auch die Partnerschaft extrem belasten kann.

Eine Leserin meinte, sie wolle mehr über den Suizid erfahren. Das kommt aber nicht infrage, denn *Dark Way* soll ja kein Leitfaden für einen Suizid sein. Damit würde ich den Werther-Effekt provozieren, was bedeutet, dass durch Suizid-Berichterstattung jemand auf die Idee kommt, dies nachzuahmen. Das ist natürlich nicht Ziel des Buches. Es soll stattdessen der Papageno-Effekt gefördert werden: Durch Berichterstattung sollen Suizide verhindert werden. *Dark Way* soll keinesfalls ein Buch sein, das Informationen zum Suizid liefert!

Eine andere Leserin schrieb, sie hätte gern mehr über die Sicht von Timo erfahren. Nun, was soll ich dazu sagen? Die fehlt mir auch. Genau das macht einen nach einem Suizid total verrückt, weil man diese Sicht eben nie mehr erfahren wird.

Mir wurde vorgeworfen, ich sei selbstmitleidig und hätte die Not meines Sohnes nicht erkannt. Dazu kann ich sagen: Ich bin auch nur ein Mensch mit widersprüchlichen Gefühlen und habe einfach ehrlich erzählt, was nach Timos Tod in mir abging. Jürgen und ich haben uns am Anfang die Schuld an seinem Tod gegeben. Und ja, wir haben seine Not nicht erkannt, das stimmt. Doch darum geht es ja: Dass in vielen Fällen diese Not nicht gesehen wird, und genau das war einer der Gründe dafür, weswegen ich dieses Buch geschrieben habe. Um andere Eltern zu sensibilisieren, damit sie die Not ihrer Kinder erkennen.

Eine Leserin warf mir vor, ich sei egoistisch gewesen, als ich selbst suizidal war. In meinen Augen hat sie nicht wirklich verstanden, was Suizidalität ist. Gefährdete können in diesen Momenten nicht mehr an andere denken, da sie sich in einem Tunnel befinden, in dem es nur Dunkelheit gibt. Könnten sie in diesem Moment an ihre Angehörigen denken, würden sich die meisten von ihnen nicht das Leben nehmen. Sie wollen den Hinterbliebenen das nicht antun. Sie wollen auch oft nicht sterben. Sie können nur so nicht mehr weiterleben. Das schildern viele Menschen, die einen Suizidversuch überlebt haben.

Ich habe mal mit einem Schweizer Suizidforscher zusammengearbeitet, dessen Sohn sich das Leben genommen hatte. Die Meinung des Wissenschaftlers war: Jeder Mensch hat einen natürlichen Überlebenstrieb. Dieser funktioniert automatisch, indem man bei Gefahr oder Todesangst davonläuft, erstarrt oder angreift. Das sind Automatismen. Niemand würde in einer akuten Situation überlegen: Was mache ich denn nun? Nein, jeder von uns würde instinktiv reagieren. Diese Todesangst und dieser Überlebenstrieb sind seiner Meinung nach bei einem Suizidenten ausgeschaltet und ich teile seine Ansicht.

Eine Frau schrieb öffentlich auf Facebook, dass ich doch nicht ernsthaft glauben würde, dass so ein Buch etwas verändern könne. Ich schrieb ihr zurück, dass es sehr wohl etwas verändern kann, wenn es dazu beiträgt, dass Depressionen und psychische Erkrankungen eines Tages keine Tabuthemen mehr sein werden. Und dafür werde ich kämpfen!

Egal. Ich lasse mich von solchen negativen Reaktionen nicht runterziehen, denn demgegenüber stehen Hunderte

positive Rezensionen und unzählbare persönliche Nachrichten, die ich bekommen habe. Über diese freue ich
mich sehr, denn sie zeigen mir, dass *Dark Way* etwas in
den Menschen bewirkt.

Als Anna uns damals einen Screenshot schickte, wie
das Buch in den Onlinehandel hochgeladen wird, waren
Jürgen und ich uns plötzlich nicht mehr sicher, ob das der
richtige Weg sein würde. Wir haben in dem Buch schließlich komplett blankgezogen, und das sollte nun öffentlich
für alle zu lesen sein. Das war nicht einfach.

Aber jetzt im Nachhinein, wenn wir sehen, was *Dark
Way* bewirkt hat, sind wir uns ganz sicher: Es war wichtig und richtig.

WARUM DIESES ZWEITE BUCH?

Ich erlebe bei vielen Suizid-Hinterbliebenen, wie schlecht es ihnen nach Jahren, manchmal sogar Jahrzehnten, immer noch geht. Ich möchte ihnen helfen, wieder auf die Beine zu kommen. Ich will mit *Way Back* zeigen, was man alles probieren kann, damit es einem wieder besser geht, und sei es auch nur ein bisschen.

Ich möchte Betroffenen Mut machen, dass man auch mit einem Suizid im Umfeld wieder glücklich werden kann - und auch darf! Niemand soll sagen müssen: Mir darf es nie mehr gut gehen, weil das passiert ist. Klar ist das anfangs so. Jedoch muss man sich irgendwann zwingen aufzustehen und sich ins Leben zurückkämpfen, damit es wieder lebenswert wird. Und das kann man schaffen! Das wichtigste dabei ist: Man muss es auch wollen und vor allem zulassen.

Ich weiß, wie schwer das ist. Es war definitiv der schwerste Weg meines Lebens. Dennoch finde ich es noch viel schwieriger, mit ständiger Trauer und einem täglichen Kampf gegen sich selbst weiterzuleben.

Jeder trauert anders. Natürlich spreche ich in diesem Buch nur für mich. Das war mein individueller Weg. Für andere Menschen funktionieren möglicherweise ganz andere Dinge. Ich habe hier aber auch alle Tipps, die ich von anderen Betroffenen weiß, zusammengetragen. Vielleicht findet ihr etwas, das euch hilft.

Als *Dark Way* zwei Jahre nach Timos Tod erschien, dachte ich, ich sei einigermaßen stabil. Tatsächlich war ich davon noch weit entfernt. Natürlich war ich stabiler als in den Monaten nach dem Suizid, aber ein normales Leben und Verhalten waren damals für mich noch völlig undenkbar. Der Weg, den ich gegangen bin, war schwer und immer wieder bin ich in der Trauer versunken. Ich war dünnhäutig, konnte mich kaum über Dinge freuen, fühlte mich einfach nur leer. Aber ich wollte mich zurückkämpfen, um wieder glücklich zu sein, denn so war das kein Leben mehr, sondern nur noch ein Existieren.

Heute, acht Jahre nach Timos Tod, geht es Jürgen, mir und auch Tassilo - Timos großem Bruder - sehr gut. Ja, das ist möglich, obwohl wir ein Kind verloren haben. Wir können unser Leben mittlerweile wieder genießen.

Wie wir das geschafft haben? Lies selbst.

DEPRESSION UND MEDIKAMENTE

Kurz nach dem Erscheinen von *Dark Way* bekomme ich eine fiese Grippe. Zumindest fühlt es sich so an. Ich bin total schlapp, fühle mich fiebrig, habe Husten. Täglich schleppe ich mich zur Arbeit, aber alles fällt mir schwer. Das ist sehr untypisch für mich, weil ich normalerweise keine Ruhe geben kann.

Einen Monat später geht es mir gesundheitlich immer noch nicht besser und ich schlafe mittlerweile kaum mehr. Diese Schlafstörungen habe ich, seit Timo tot ist, und durch die Krankheit werden sie wieder schlimmer. Als ich zu meiner Hausärztin gehe, verschreibt sie mir ein Antibiotikum und jede Menge Mittel gegen Erkältung. Nach einer Woche immer noch keine Besserung. Ich wieder hin, sie verschreibt mir ein anderes Antibiotikum und noch mehr Mittel gegen Erkältung. Es wird aber immer noch nicht besser.

Was ist das nur? Ich bin normalerweise nie krank und dann gleich so? Irgendjemand sagt mir, Trauer geht auf die Lunge. Ist das so? Wenn ja, würde es ja passen. Ich huste aus dem letzten Loch. Ich recherchiere das und es stimmt, die Traditionelle Chinesische Medizin (TCM) sieht die Lunge als das Organ, das für die Verarbeitung von Trauer verantwortlich ist. Wenn diese nicht verarbeitet wird, kann das zu körperlichen Beschwerden führen, von Husten und Engegefühl in der Brust bis zu Atemnot.

Ich weiß, dass Trauer nicht nur psychische, sondern auch körperliche Folgen haben kann - zum Beispiel Muskelschwäche, Migräne, Leeregefühl im Magen, Kreislaufbeschwerden, Herzrasen, Verdauungsbeschwerden oder Nervenschmerzen - aber dass es so eine konkrete Verbindung zu bestimmten Organen gibt, war mir neu.

Wenn ich so drüber nachdenke, kenne ich auch das Engegefühl in der Brust, aber sonst leide ich mehr unter psychischen Beschwerden: Erschöpfung, Selbstvorwürfe, Schlafstörungen, Schuldgefühle, emotionale Instabilität. Das Schlimmste für mich ist aber die innere Unruhe. Das ist so ein Gefühl, wie wenn man als Schüler vor dem Rektorat sitzt, weil man etwas ausgefressen hat und nun darauf wartet, hereingerufen zu werden, um sich die Standpauke seines Lebens abzuholen.

Ich schleppe mich weiterhin täglich zur Arbeit, halte es aber kaum aus, weil ich so müde und kaputt bin. Schließlich schickt mich meine Ärztin ins CT. Bei der Auswertung fragt der Arzt, ob ich Vögel zu Hause habe, ob ich in den Tropen war oder eine Allergie habe? Nein, alles nicht. Er meint, das sei ein ganz komisches Bild, er hätte so etwas noch nie gesehen und schickt mich weiter zum Lungenfacharzt.

Die Fachärztin stellt die gleichen Fragen: Vögel, Tropen, Allergien? Ich stelle Gegenfragen: Rauchen? Lungenkrebs? Die Ärztin verneint. Jetzt beginnt ein Untersuchungsmarathon: Blutabnahme, Urinprobe, Lungenfunktionstest, Röntgen, wieder ein anderer Bluttest. Irgendwann denke ich: Ist das jetzt etwa die Krankheit, die ich mir so lange gewünscht habe, um schneller bei Timo zu sein? Dieser Gedanke kommt immer wieder.

Der Schmerz durch Timos Tod war damals unerträglich und ich dachte oft, dass ich so nicht weiterleben kann. Es war, als wäre ein tiefes Loch in meinem Herzen, das nie wieder verheilen wird. Deshalb habe ich mir damals eine Krankheit gewünscht, die mich zu ihm bringt. Aber mit den Jahren wurde das Loch kleiner. Heute ist nur noch eine Narbe übrig, die zwar für immer bleiben wird, aber nicht mehr so weh tut. Was ich damals gedacht habe, war Blödsinn. Ich bekomme richtig Panik, ich darf jetzt bitte nicht schwer krank sein, ich will leben.

Nach über einer Woche heißt es, dass ich wohl irgendeine Allergie habe, aber man wisse nicht woher, ich solle Antibiotika nehmen. Habe ich das nicht schon zwei Wochen lang? Egal, dann nehme ich eben auch noch das dritte Antibiotikum. Ich will einfach nur, dass diese Krankheit weggeht. Zur Sicherheit machen sie noch ein Röntgenbild, dann darf ich nach Hause. Kaum daheim angekommen, ruft die Praxis an, ich muss am Montag sofort eine Bronchoskopie und eine Biopsie machen lassen. Ich erschrecke. Was ist denn jetzt los?

Nach dem Röntgenbild sagt die Fachärztin, mein Zustand hätte sich weiter verschlimmert. Das kann ich nur bestätigen, mir gehts immer mieser, und ich bekomme kaum noch Luft. Meine Stimme hört sich mittlerweile an, wie die von Till Lindemann. Das Rauchen lasse ich natürlich trotzdem nicht. Ich bin echt ein alter Junkie.

Als ich nach der Bronchoskopie aus der Narkose aufwache, steht Jürgen neben mir. Bald darauf kommt ein Arzt, der mich fragt, wie viel ich rauche und seit wann. Ich sage ihm: »Über 30 Jahre und mindestens 20 Zigaretten pro Tag.« Er meint, das kann er fast nicht glauben, so gut wie meine Bronchien aussehen. Hä? Ich dachte, ich bin schwer krank?

Jürgen sagt: »Na super, das mit den Bronchien hätte er so nicht sagen brauchen, das ist ja fast ein Freifahrtschein fürs Rauchen.« Und natürlich: Erst mal brauche ich eine Zigarette. Wie doof kann man sein? Ich weiß das, aber ich kann einfach nicht darauf verzichten. Jetzt müssen wir auf das Ergebnis der Biopsie warten.

Ich höre über eine Woche nichts, bin kurz vorm Verzweifeln, weil es mir immer schlechter geht. Als ich bei meiner Therapeutin bin, erzählte ich ihr alles, sie ruft sofort in der Praxis an und verschafft mir einen Termin für den darauffolgenden Tag. Der Arzt sagt, dass meine Beschwerden vom Rauchen kommen und dass ich sofort aufhören muss. Können die sich vielleicht mal einigen? Ich soll ein Antibiotikum nehmen... Das vierte.

Drei Tage später ist mein Zustand noch schlimmer und meine Hausärztin schickt mich ins Krankenhaus zu einem sehr guten Lungenfacharzt. Dort geht es gleich wieder los mit Untersuchungen. Am dritten Tag soll ich einen weiteren Test bei einem Assistenzarzt machen, der offensichtlich sehr unter Druck steht. Ich sagte ihm, er soll sich wegen mir keinen Stress machen und sich erst mal um die Patienten kümmern, die wirklich krank sind.

Er schaut mich ernst an und sagt: »Nun hören Sie mir mal gut zu. Sie sind kränker, als sie glauben. Und wenn wir Ihnen überhaupt noch helfen können, dann wird das sehr lange dauern.«

Bähm! Das sitzt. Scheiße, damit hab ich nicht gerechnet. Und es schockt mich so, dass ich endlich wirklich mit dem Rauchen aufhören will.

Der Arzt erklärt mir, dass der Experte gerade auf dem Lungenfacharzt-Kongress in München ist. Da ich so ein ungewöhnliches Lungenbild habe, schicken sie ihm alle Ergebnisse, Bilder und Unterlagen dorthin und die ganzen Fachärzte schauen sich das nun zusammen an. Das ist mein Glück, denn endlich ist klar, was ich habe.

Als er wieder in der Klinik ist, nimmt sich der Lungenexperte über eine Stunde Zeit, um mir und Jürgen zu erklären, was ich habe. Er sagt: »Dieses Lungenbild haben eigentlich nur Menschen, die eine Allergie gegen Vogelkot haben oder in den Tropen waren.« Aha, daher die komischen Fragen. Bei mir ist die Krankheit aber autoimmun, was bedeutet, dass sich meine Lunge selbst zerstört. Da ich im Moment auch noch eine schwere Lungenentzündung habe, muss ich hochdosiert Kortison nehmen. Na toll. Es wird immer schlimmer.

Depressiv durch Kortison

Ich fahre nach Hause und körperlich geht es mir bald etwas besser. Wie mit dem Arzt besprochen, reduziere ich nach fünf Tagen die Kortison-Dosis das erste Mal. Trotzdem merke ich, wie es mir psychisch immer schlechter geht. Ich fange auf einmal grundlos an zu weinen, mir ist alles zu viel, mich nervt alles. Und wenn es nur die bloße Anwesenheit von Jürgen ist. Der Arme kann gar nichts dafür. Ich bekomme immer schlechtere Laune, bin nur noch genervt von allem und jedem, fühle mich dauerdown, bin lustlos, habe auf nichts Lust und nichts macht mir Spaß.

Meine Therapeutin erklärt mir, dass dies eine depressive Verstimmung ist, die wahrscheinlich von dem hoch-

dosierten Kortison kommt. Das sei eine typische Neben-
wirkung. Okay, das wusste ich nicht.

Ich fühle mich sowas von down und denke so für mich:
Wenn das nur eine depressive Verstimmung ist, und
wenn ich mich damit schon so scheiße fühle, wie mies
fühlt sich dann erst jemand, der richtige Depressionen
hat, bis er suizidale Gedanken bekommt? Wie schlimm
muss es demjenigen gehen? Eine richtige Depression
muss die Hölle sein. Ich kann ein bisschen besser verstehen, wie schlecht es Timo wirklich gegangen sein muss,
und warum er Suizid begangen hat.

Ich bin stolz und fasziniert: Bereits drei Tage habe ich es
ohne Zigaretten ausgehalten, ich hätte nie gedacht, dass
ich das schaffen kann.

Mit Heidi und Onkel Thomas, zwei sehr engen Freunden, gehen wir zur Ablenkung aufs *Manowar*-Konzert in
München. Auch dahin schleppe ich mich. Es ist mir egal,
ob die Lunge will oder nicht. Es muss jetzt wieder aufwärts gehen.

Als Thomas beim Pogo in einer Bierpfütze ausrutscht,
versuche ich ihn wieder hochzuziehen. Das Dumme ist
nur: Er sieht nicht, wer da hinter ihm rumzerrt und
denkt, es ist ein Fremder, deshalb versucht er, mich abzu-
schütteln. Es sieht bestimmt urkomisch aus, als ich
Zwerg versuche, meinen riesengroßen Onkel hochzuziehen. Wie so ein kleiner Fisch, der sich an seinem Rücken
festgebissen hat. Als ich mir das so vorstelle, muss ich anfangen zu lachen. Jetzt bekomme ich ihn erst recht nicht
mehr hoch, weil mir die Kraft ausgeht, abgesehen davon,
dass ich eh schon pumpe wie ein altes Nilpferd. Thomas
rappelt sich dann selbst wieder hoch, und als er sich um-

dreht, bemerkt er erst, dass ich es war, die an ihm rumge-
zerrt hat. Wir lachen, bis uns die Bäuche wehtun.

Dieses Erlebnis spiegelt eine depressive Symptomatik
perfekt wieder: Einem gehts zwar innerlich unheimlich
schlecht, aber trotzdem kann man lachen und fröhlich
sein. Viele Leute haben den Irrglauben, dass ein an Depressionen erkrankter Mensch immer schlechte Laune
haben muss oder traurig ist. Das stimmt überhaupt nicht.
Im Gegenteil, oft ist es so, dass Menschen mit Depressionen nach außen hin die lustigsten Leute sind, wie Timo
es eben auch war. Sie setzen eine Maske auf, damit keiner
bemerkt, wie schlecht es ihnen wirklich geht. Das ist unheimlich anstrengend. Versuch mal, zu lächeln und fröhlich zu sein, wenn du richtig traurig oder mies gelaunt
bist. Menschen mit Depressionen machen das Tag für
Tag. Das ist kaum auszuhalten.

Nach einem Suizid hört man relativ häufig, dass Leute
sagen: Das hätte ich bei demjenigen nicht gedacht, der
hat doch immer gelacht... Aber: Ihr könnt nur vor den
Kopf schauen. Nur wenn derjenige es zulässt, wird er
euch in sein Inneres blicken lassen.

Dazu kommt, dass jemand, der psychisch erkrankt ist
und seinen Suizid plant, kurz davor wahrscheinlich richtig gut drauf sein wird. Viele denken jetzt bestimmt, ich
spinne. Aber das ist wirklich so. Wenn der Entschluss
feststeht, fühlen sich Suizidenten oft befreit, da sie wissen, dass sie bald erlöst sind und ihr Leid nun nicht mehr
lange aushalten müssen.

Gibt es Leute im Umfeld, die von der psychischen Erkrankung wissen, denken sie oft fälschlicherweise: Jetzt
geht es dem Menschen endlich besser. Daher Vorsicht,

wenn ein Erkrankter auf einmal zufriedener, gelöster und vielleicht sogar fröhlicher wirkt!

Helfen Antidepressiva?

Wie soll ich meine depressive Verstimmung wieder in den Griff bekommen? Meine Therapeutin rät mir zu Antidepressiva. Das begeistert mich überhaupt nicht. Sie überzeugt mich aber letztendlich davon, weil sie mir erklärt, dass Antidepressiva nicht abhängig machen und im Moment meine tiefgedrückte Stimmung wieder hochbringen können. Ich soll das Medikament erst mal nur ein Jahr lang nehmen und dann wieder ausschleichen. Auf diesen Kompromiss lasse ich mich ein. Also nehme ich das Zeug eben auch noch.

Sie erklärt mir, dass die Einnahme erst mal belastend sein kann, weil die Wirkung verzögert eintritt, aber sich die unangenehmen Nebenwirkungen schnell zeigen. Das können Kopfschmerzen, Schwindel, Übelkeit, Durchfall, Unruhe und Schlaflosigkeit sein, oder auch das Gegenteil, nämlich Ermüdung und ein abgedämpftes Gefühl. Auch eine Gewichtszunahme kommt häufig vor. Das hört sich ja mal richtig scheiße an. Aber meine Therapeutin beruhigt mich: Sollte dies der Fall sein und die Nebenwirkungen geben sich nicht, kann ich nach Rücksprache mit dem Arzt ein anderes Präparat nehmen.

Mittlerweile weiß ich, dass sich viele Menschen am Anfang der Einnahme von Antidepressiva das Leben nehmen, auch wenn sie in der Klinik waren und gerade eingestellt wurden. Angehörige glauben oft, dass die Schuld bei den Kliniken bzw. Ärzten liegt oder die Medikamente sowieso keinen Sinn haben.

Das kann ich aufklären: Wenn man anfängt, Antidepressiva zu nehmen, steigert der Wirkstoff zuerst den Antrieb und erst nach zwei bis drei Wochen wird der Gemützustand gesteigert. Das bedeutet: Jemand, der depressiv ist und nicht mal Kraft dazu hat, sich das Leben zu nehmen, läuft in der ersten Zeit Gefahr, dies zu tun, weil er auf einmal den Antrieb dazu hat. Denn die depressive Symptomatik ist noch eine ganze Weile da, obwohl der Antrieb schon gesteigert ist. Daher sollte man sehr wachsame Augen auf jemanden haben, der suizidal ist (oder war) und gerade medikamentös auf Antidepressiva eingestellt wurde.

Die gute Nachricht: Die meisten Nebenwirkungen verschwinden nach ungefähr zwei bis drei Wochen, da sich der Körper auf den regelmäßig verabreichten Wirkstoff einstellt. Wenn du Antidepressiva verschrieben bekommst, hab also ein bisschen Geduld. Sollte es dir nach drei bis vier Wochen nicht besser gehen, dann rede mal mit deinem Arzt, ob man nicht die Dosis erhöhen kann oder ob es nicht ein passenderes Medikament gibt, auf das du besser ansprichst. Nicht jedes erstverschriebene Antidepressivum ist das Richtige. Setze es bitte auf keinen Fall einfach ab, das schadet mehr, als es nutzt.

Mir geht es tatsächlich nach zweieinhalb Wochen viel besser. Ich habe gar nicht wirklich bemerkt, wann und wie genau das Medikament gewirkt hat. Aber ich denke plötzlich: Oh, ich bin gar nicht mehr schlecht drauf. Die Wirkung hat sich einfach irgendwie eingeschlichen. Nebenwirkungen hatte ich gar keine. Es ist seltsam, ich habe die Tabletten eingenommen, stellte keinerlei Unterschied fest, und zwei Wochen später, zack, geht es mir gut.

Auch Jürgen ist erleichtert. Er sagt mir, dass ich mit dem Kortison eine richtige Persönlichkeitsveränderung durchlaufen habe. Ich selbst habe das gar nicht wirklich bemerkt, aber im Nachhinein erinnere ich mich an einen Abend, an dem ich ihm sogar einen Teller nachgeworfen habe. Mein Sohn Tassilo kam von oben runter, weil er den Schlag gehört hatte. Ich saß am Tisch und weinte wieder mal, Jürgen war auf und davon, er war entsetzt darüber, dass ich so böse war, und das zurecht. Tassilo nahm mich tröstend in den Arm und sagte: »Mama, das wird schon wieder und der Vatter«, so nennt er ihn immer liebevoll, »kommt auch wieder.« Auch Timo nannte Jürgen übrigens immer so, obwohl er gar nicht der leibliche Vater von den beiden ist. Ich war geschockt über mich selbst, sowas wäre mir sonst nie passiert. Ich bin alles andere als aggressiv. Deshalb bin ich heilfroh, dass mir die Antidepressiva so gut helfen.

Es gibt auch pflanzliche Mittel, wie z. B. Johanniskraut, das ist ein Stimmungsaufheller. Es kann bei leichten bis mittelschweren Depressionen eingesetzt werden. Bei schweren Depressionen kommt es allerdings nicht infrage, hier ist die Wirksamkeit nicht nachgewiesen. Aber auch pflanzliche Arzneimittel können Nebenwirkungen verursachen. Durch die Einnahme von Johanniskraut kann die Haut lichtempfindlicher werden und auf Sonne schneller mit Rötungen oder Ausschlägen reagieren. Wegen dieser sogenannten phytotoxischen Wirkung sollten Personen, die hochkonzentrierte Präparate einnehmen, Sonnenbäder meiden und auf einen sehr hohen Sonnenschutz achten. Auch Übelkeit, allergische Reaktionen und Kopfschmerzen können bei der Einnahme von Johanniskraut auftreten. Und noch etwas: Falls ihr in ärztlicher Behandlung seid und der Arzt euch ein Medikament verschreiben möchte, sagt bitte, dass ihr Johanniskraut nehmt, denn das kann richtig unschöne Wechselwirkungen geben und darf auf keinen Fall zusammen mit anderen Antidepressiva eingenommen werden.

Es gibt noch weitere pflanzliche Präparate, die man probieren kann wie z.B. Passionsblume, Baldrian, Lavendel, Hopfen, Melisse und Ginko. Sprecht aber vor einer Einnahme immer mit eurem Arzt oder Apotheker. Man kann auch Duftlampen aufstellen, in denen sich Öle der oben genannten Pflanzen super verduften lassen, das ist immer ohne Bedenken machbar.

Schlafmittel oder Neuroleptika?

Nach sechs Wochen muss ich wieder zur Kontrolle zum Lungenexperten. Er sagt, die Lunge sieht wieder sehr gut aus, bis auf die Vernarbungen an den Lungenbläschen, die werden mir bleiben. Von der Lungenentzündung selbst ist nichts mehr zu sehen.

Er sagt, dass es super ist, dass ich mit dem Rauchen aufgehört habe, denn das kann eine Ursache für die Krankheit gewesen sein. Aber leider schaffe ich es nicht mehr lange ohne Zigaretten, ein paar Wochen später fange ich wieder damit an.

Warum kann ich das nicht durchhalten, obwohl ich eigentlich so ein willensstarker Mensch bin? Diese Frage stelle ich mir immer und immer wieder.

Da ich weiterhin unter extremen Schlafstörungen leide, muss ich auch deswegen Medikamente nehmen. Ich gehe zwar hundemüde ins Bett, bin dann aber hellwach. Die

Frage hat sich von: Warum hat Timo das getan?, gewandelt in: Warum hat er mir nicht gesagt, wie schlecht es ihm ging? Darüber denke ich die ganze Nacht nach. Ich spiele Szenen im Kopf durch, wie er wohl reagiert hätte, wenn ich etwas anders gesagt oder gemacht hätte. Dann sage ich mir immer wieder, dass ich das, was passiert ist, akzeptieren muss.

Viele Leute sagen mir, der Suizid sei Timos Wille gewesen. Das macht mich traurig. Sich das Leben zu nehmen, hat in meinen Augen nichts mit freiem Willen zu tun. Er wollte niemals sterben, er konnte nur so nicht mehr leben. Es ärgert mich, wenn Leute so etwas zu mir sagen. Oder wenn sie mir sagen, wie viel Mut jemand braucht, um so etwas zu tun. Ein Suizid hat auch nichts mit Mut zu tun, sondern es ist in diesem Moment der einzige Ausweg, den Betroffene sehen können. Sie sind so verzweifelt, dass nur dieser Weg bleibt. An all solche Dinge denke ich die ganze Nacht und sie lassen mir keine Ruhe.

Anfangs wehre ich mich vehement dagegen, auch noch Schlafmittel zu nehmen. Ich habe Angst, davon abhängig zu werden. Aber meine Therapeutin sagt mir, dass es Neuroleptika gibt, die sehr müde machen, ohne eine Abhängigkeit zu verursachen. Normalerweise wird dieses Medikament bei Schizophrenie-Erkrankungen eingesetzt und wirkt psychotischen Symptomen wie Halluzinationen und Wahnvorstellungen entgegen. Gleichzeitig hat es eine beruhigende, dämpfende Wirkung, die viele Menschen sehr müde macht. Deshalb kann man sie auch als Schlafmittel verwenden.

Ich habe schon Angst vor den Nebenwirkungen. Manche Menschen werden aufgedreht von Neuroleptika oder können am nächsten Tag einen Überhang, also eine Art Kater, bekommen. Manche Patienten spüren auch Schläfrigkeit, Unruhe, Muskelzucken, Schwindel, Durst und Mundtrockenheit. (Gegen Letztere gibt es übrigens wirksame Medikamente wie künstlichen Speichel). Auch eine Gewichtszunahme von zehn oder mehr Kilo kann vorkommen. Dazu können noch Früh- und Spätdyskinesien auftreten, das sind leichte Muskelzuckungen, zum Beispiel im Gesicht, dem Mund oder den Augen.

Na toll, da habe ich überhaupt keinen Bock drauf. Aber ich lasse mich von meiner Therapeutin überzeugen, dass Neuroleptika einen Versuch wert sind. Immerhin sind sie besser als abhängig machende Schlafmittel.

Die Wirkung ist echt krass. Als ich das Medikament abends auf dem Sofa nehme, kribbeln eine halbe Stunde später meine Beine und ich sage zu Jürgen: »Ich muss sofort ins Bett gehen, sonst komme ich nicht mehr bis ins Schlafzimmer.« Sobald ich liege, schlafe ich sofort ein. Morgens stehe ich dann auf, als wäre ich ein neuer Mensch. Fit, wach und komplett ausgeschlafen, das ist ein richtig gutes Gefühl. Seit ich die Neuroleptika nehme, kann ich zum ersten Mal seit Timos Tod wieder richtig schlafen. Von all diesen Nebenwirkungen habe ich zum Glück überhaupt keine bekommen.

Durch die Einnahme der Antidepressiva und Neuroleptika geht es mir körperlich und psychisch zusehends besser und manchmal merke ich, dass ich gar nichts mehr von meiner Krankheit spüre. Da bin ich dem Tod wohl gerade noch mal von der Schippe gesprungen. Vielleicht hat Timo mir wirklich eine Aufgabe hinterlassen, die ich erfüllen muss, bevor ich sterbe.

UMGANG MIT SCHLIMMEN TAGEN

Am 6. Oktober ist Timos Todestag. Der schlimmste Tag im Jahr. Ungefähr zwei Wochen vorher geht es schon los: In mir wird es immer düsterer. Das Gefühl ist schwer zu beschreiben. Ich werde traurig, bin schlecht gelaunt und manchmal kommt auch die innere Unruhe zurück, die mich in der Zeit nach Timos Tod so gequält hat. Ich nehme das gar nicht so richtig wahr, bin einfach dauerdown, habe zu nichts Lust. Dann laufen auch Tränen, weil ich ganz bewusst an Timo denke, und daran, wie traurig das alles eigentlich ist.

Das ist jedes Jahr vor seinem Todestag so, vor seinem Geburtstag und vor Weihnachten. Ich gehe an diesen Tagen nicht auf den Friedhof, das ist nicht mein Ort. Dort ist Timo für mich nicht, und der Ort der Verstorbenen macht mich einfach nur traurig.

Auch Tassilo geht nicht auf den Friedhof. Jürgen war dagegen anfangs täglich bei Timo an der Urnensäule, er brauchte das. Heute sagt er, wenn jemand in der Selbsthilfegruppe danach fragt: »Mittlerweile gehe ich nur hin und wieder zum Friedhof, um aufzuräumen, was andere hingestellt haben. Ich brauche diesen Ort aber nicht mehr. Für mich ist Timo zu Hause bei uns, nicht dort, wo seine Überreste sind.«

Ich kenne aber auch sehr viele Hinterbliebene, die das Grab unheimlich brauchen. Es hilft ihnen, dort jeden Tag hinzugehen. Das zeigt, wie unterschiedlich Menschen trauern.

Auch kurz vor Weihnachten merke ich, dass ich noch ganz schön in meiner Trauer festhänge. Bei mir gibt es seit Timos Tod keinen Weihnachtsbaum und keine Plätzchen mehr. In der Weihnachtszeit und der ersten Januarwoche schließe ich das Tattoo-Studio immer, das ist mein Jahresurlaub. In dieser Zeit kann ich mich auch ungestört mit meiner Trauer befassen.

Trauer zulassen

Ich denke dann gezielt über Timo nach und versuche, den Schmerz wieder richtig zu spüren. Es ist wie ein Stich ins Herz und fühlt sich an, als wäre er erst gestern gestorben. Ich weine viel und will mich nur in mein Schneckenhaus zurückziehen, niemanden sehen oder hören. Es tut einfach nur weh, dass er nicht mehr da ist, und er fehlt mir so sehr. Dieses Stück von meinem Herzen, das mit ihm gestorben ist, ist unwiederbringlich weg. Wenn ich dann am Tiefpunkt bin und versuche, mich abzulenken, funktioniert das nicht mehr und es dauert eine ganze Zeit, bis ich es wieder aus diesem Tief raus schaffe.

Diese extreme Trauer fühlt sich so an, als würde mir jemand von jetzt auf gleich den Boden unter den Füßen wegreißen. Wenn ich in diesem Tief bin, will ich erst mal gar nicht mehr raus. Es ist, als würde ich mich darin suhlen. Teilweise fühle ich mich in dieser Traurigkeit sogar wohl. Ich glaube einfach, dass ich diese Phasen brauche, um mir wieder bewusst zu machen, dass Timo nicht mehr da ist und ich immer noch traurig sein kann deswegen. Das klingt nicht nur komisch, es fühlt sich auch komisch an. Ich glaube, dass man oft automatisch Dinge macht, weil man im Unterbewusstsein weiß, dass es der Verarbeitung dient, und die ist extrem wichtig.

Ich will meine Trauer auf keinen Fall verdrängen, denn das ist für das Unterbewusstsein anstrengender, als wenn man sich mit dem Verlust auseinandersetzt. Emotionen, die nicht zugelassen werden, behindern den Heilungsprozess.

Ich kenne viele Menschen, die ihre Trauer lange verdrängt haben, sei es, weil sie sich damit nicht auseinandersetzen wollten oder weil sie es nicht konnten. Manchmal war auch keine Zeit dafür, da sie sich zum Beispiel um Geschwisterkinder kümmern mussten. Jedoch war es in all den mir bekannten Fällen so, dass die Trauer später dann mit voller Wucht zurückgeschlagen hat, und das oft noch schlimmer war, als wenn die Betroffenen ihren Verlust nach und nach verarbeitet hätten.

Übermannt dich die Trauer, kann ich nur raten: Lass sie zu! Nur wenn du ein Gefühl zulässt, kann es auch wieder vergehen, und glaub mir, diese Gefühle gehen wirklich vorüber. Der Prozess dauert seine Zeit, aber es wird immer etwas leichter und noch etwas leichter, ohne dass du es selbst so richtig bemerkst. Die Trauer scheint in diesen Momenten unaushaltbar zu sein, aber sie ist aushaltbar, und sie lässt nach, wenn du sie zulässt.

Diese Trauerarbeit ist nicht immer möglich, denn die Gesellschaft reagiert sehr zwiegespalten. Wenn du nicht mehr weinst, sagen die einen: Wie kannst du nur so gefühllos sein, du hast schließlich dein Kind verloren! Und wenn du weinst, sagen die anderen: Hast du es etwa immer noch nicht überwunden? Egal, was du tust, es ist immer falsch. Und keiner, der einen solchen Verlust nicht selbst erlebt hat, kann ihn nachvollziehen. Deshalb: Nimm es dir nicht zu Herzen, was die anderen über dich denken oder sagen. Wichtig ist nur, dass es dir bald besser geht.

Wieder Lust auf Weihnachten

Im Laufe der Jahre verlieren die schlimmen Tage ihren Schrecken. Mittlerweile sind die Todestage und Geburtstage nicht mehr so schrecklich, teilweise vergesse ich sie sogar. Also ich vergesse sie natürlich nicht wirklich, aber ich denke eben nicht schon zwei Wochen vorher: Scheiße, Timos Geburtstag oder der Todestag kommt. Es ist mir sogar schon passiert, dass mir erst an dem Tag selbst auf einmal kam: Ui, heute ist Todestag.

Irgendwann habe ich sogar wieder Lust auf Weihnachten, zumindest ein bisschen. Es wird zwar nur ein ganz kleiner Baum, aber Plätzchen backe ich viele, in Gedenken an Timo und meine Oma, von der ich die Rezepte habe. Dabei denke ich positiv an beide zurück.

Ich sehe meine Oma vor mir, wie sie mit dem Rollstuhl neben mir stand und damit immer wieder vor und zurückrollte. Ich musste immer erst mal WD40 holen und ihren Rollstuhl damit einsprühen, weil mir das Gequietsche furchtbar auf die Nerven ging. Sie erklärte mir, egal ob wir kochten oder backten, was ich tun musste und welche Zutaten ich brauchte. Ich schrieb alles brav mit, damit ich in Zukunft nichts vergesse. Ich fragte: »Oma, wie viel muss ich von dem reintun?« Sie antwortete: »Ein bisschen halt.« Ich fragte wieder: »Oma, wie viel ist ein bisschen?« Sie konnte es mir nicht sagen, das ging bei ihr nach Augenmaß. Tatsächlich steht in allen Rezepten immer irgendwo: Ein bisschen …

Ich denke auch an die schönen Sachen, die ich mit Timo beim Backen erlebt habe. Er war immer total heiß darauf, aber nach zwei Blechen hatte er oft schon keinen Bock mehr. Typisch Teenie. Einmal standen wir beide vor der Schüssel, ich links davon, er rechts. Er wollte mit einem Pfannenwender ein Stück der harten Margarine herausholen und war dabei so brutal, dass ein riesiges Stück Rama rausploppte und zwischen uns durchflog, bis ans andere Ende der Küche, wo es an der Fensterscheibe kleben blieb. Wir haben so gelacht.

Ich denke all all solche Dinge und grinse dabei vor mich hin. Es fühlt sich gut an, an Weihnachten nicht mehr leiden zu müssen. Die schönen Erinnerungen überwiegen und tragen mich gut über die Feiertage. An Heiligabend selbst denke ich dann gar nicht so viel an Timo, weil mich die Gespräche mit der restlichen Familie ablenken. Vor allem wenn mein anderer Sohn Tassilo da ist, genieße ich die Zeit mit ihm. Es fühlt sich an, als wäre die Welt wieder in Ordnung, und das ist auch gut so.

Mit Silvester habe ich auch heute noch ein wenig Probleme, das ist für mich fast noch schlimmer als Weihnachten. Wenn die Raketen in den Himmel fliegen und wie tausend Sterne aussehen, zerbricht mir fast das Herz. Es sind diese tausende Sterne am Himmel, die Timo so sehr geliebt hat. Ich denke dann immer an ihn und mir laufen dabei die Tränen übers Gesicht. Mir schießen Gedanken durch den Kopf, wie: Wieder ein Jahr ohne dich und du fehlst immer noch.

Am liebsten würde ich an Silvester früh ins Bett gehen, um Mitternacht nicht miterleben zu müssen. Als unser Hund Jayse noch da war - sie hatte furchtbar Angst, wenn die Raketen losgingen - bin ich mit ihr ins Badezimmer verschwunden und habe den Trockner eingeschaltet. Das war ein vertrautes Geräusch, das nahm Jayse die Angst. Ich war ihr irgendwie dankbar, dass ich bei ihr bleiben konnte und nicht raus musste.

Aber Jürgen mag Silvester sehr gerne, wir schießen zwar selbst nie, aber er möchte um 0 Uhr draußen sein und zuschauen. Weil ich weiß, dass ihm das wichtig ist, bleibe ich mit ihm auf und gehe auch mit raus. Ich achte darauf, dass er nie mitbekommt, wie bei mir die Tränen fließen, weil ich ihm Silvester nicht versauen möchte.

Tipps für die schlimmen Tage

Es gibt natürlich auch einfach so Tage, die scheiße sind, die kann und will ich nicht wegleugnen. Wenn so ein Tag kommt, merke ich das schon beim Aufstehen. Ich atme dann tief durch und denke: Oh shit, heute kommt ein schlimmer Tag. Im Laufe der Jahre habe ich aber gelernt: Morgen wird ein neuer Tag kommen, und der ist dann wieder besser.

Durch den Scheißtag muss ich durch und mache das auch ganz bewusst, denke viel über alles Negative nach, bin down und traurig. So schleppe ich mich weiter, höre Musik, die ich mit Timo verbinde, denn mit der richtigen Musik kann ich entweder alles vergessen oder mich an alles erinnern. Wenn ich alles rauslasse und abends ins Bett gehe, weiß ich: Morgen ist es wieder gut. Und so ist es dann auch.

Wenn ich es gar nicht mehr aushalte, fange ich an, mich mit Dingen abzulenken, die mir guttun, oder ich zähle in Siebener-Schritten rückwärts von Hundert runter, um nicht mehr an negative Sachen denken zu müssen. Das ist übrigens auch bei Depressionen hilfreich, wenn alle Gedanken mal wieder im Abwärtsstrudel gefangen sind. Von anderen Betroffenen weiß ich, dass ihnen an schlimmen Tagen auch Sport, Yoga, Autogenes Training oder Progressive Muskelentspannung helfen.

Diese Tage gab es am Anfang dauerhaft, aber sie wurden immer weniger und mittlerweile kann ich sie an einer Hand abzählen. Ich bin wieder die lustige und lebensfrohe Pam, die ich vorher war. Vielleicht sogar noch mehr, als früher, da mir viel bewusster ist, wie begrenzt unsere Zeit ist. Deshalb versuche ich, alles Schöne bewusst zu genießen. Viele Menschen in meinem Umfeld sagen, ich versprühe immer gute Laune und Lebensfreude, die ansteckend ist, und verteile sie damit auch an andere. Ich wünsche jedem Suizidangehörigen von Herzen, dass er auch wieder an diesen Punkt kommt.

JEDER TRAUERT ANDERS

Tassilo hat seit Neuestem einen Youtube-Kanal, in dem er viel über Autos erzählt und sie repariert. Ganz neugierig gucken Jürgen und ich die Videos an, und wir sind wahnsinnig stolz, denn Tassilo ist darin wirklich witzig. Vielleicht braucht er genau das, um mit Timos Tod fertig zu werden.

Für Tassilo war es sehr schlimm, dass sein Bruder sich das Leben genommen hat. Er war der Einzige, dem Timo sich anvertraut hatte, und er hat ihn daraufhin ins Sozialpädiatrische Zentrum gebracht. Tassilo hat uns nach Timos Tod die ganze Geschichte erzählt. Insgeheim dachte ich oft, dass er sich bestimmt Vorwürfe macht, auf die Art: Ich hätte mehr tun müssen!

Er sagte mir zwar einmal, dass er sich keine Vorwürfe macht, aber ich glaube, dass es in ihm drin ganz anders aussah. Ich sagte ihm damals, dass wir immer für ihn da sind, wenn er uns braucht. Aber er wollte seine Eltern wahrscheinlich nicht auch noch belasten, denn er hat nie mit uns über seine Trauer geredet und das musste ich akzeptierten, auch wenn es schwer war. Geschwister trauern eben ganz anders als Eltern.

Anfangs dachte ich oft, Tassilo verdrängt alles. Er belehrte mich jedoch eines Besseren. Eines Tages kam er zu mir und erzählte, dass er letzte Nacht auf einer Party war. Dort kam ein Bekannter auf ihn zu und fragte, wie es ihm gehe. Tassilo antwortete wie üblich: »Passt schon!« Der Bekannte sagte aber zu ihm: »Und wie geht's dir wirklich?« Bei diesen Worten drückte es mir die Tränen in die Augen, denn es ist nicht selbstverständlich, dass jemand ein ehrliches Interesse daran hat, wie es einem anderen wirklich geht. Und schon gar nicht in dem jungen Alter.

Tassilo erzählte ihm dann auch, wie es ihm wirklich geht, und das so lange, bis der Bekannte zu weinen begann. Tassilo ging mit ihm raus vor die Tür, damit er sich etwas beruhigen konnte. Als er wieder okay war, wusste Tassilo, dass er jetzt auf den Friedhof muss. Er sagte zu drei seiner Kumpels, dass er zu seinem Bruder gehen will, er wüsste nicht warum, aber das müsse er jetzt tun. Die drei ließen ihn nicht allein, sondern begleiteten ihn nachts um vier Uhr. Alle weinten auf dem Friedhof bitterlich und ließen ihrer Trauer freien Lauf.

Als Tassilo mir das erzählte, musste ich auch weinen. Zuallererst freute ich mich darüber, dass er mir so viel Vertrauen schenkt und sowas ganz offen erzählt. Zum anderen wusste ich in diesem Moment genau, dass er die Trauer eben nicht verdrängt, sondern einfach nur anders trauert als ich. Und ich war so stolz auf ihn.

Was Tassilo bestimmt auch dabei geholfen hat, dass es ihm wieder besser ging, war sein Hobby mit dem Youtube-Kanal und seine Begeisterung für Autos und Driftsport, das hat ihm viel Stütze und Halt gegeben.

Ich genieße es richtig, Tassilo jetzt so fröhlich in den Videos zu sehen. Manchmal fällt mir auf, dass er mir doch ähnlicher ist, als wir beide glauben. Auch seine Liebe zu Autos hat er wahrscheinlich nicht gestohlen. Er steht zwar eher auf Tuning und Driftsport, und ich auf die schnellen Amerikaner, aber im Endeffekt ist es doch alles Motorsport.

Was hat Jürgen geholfen?

Jedem in der Familie hilft etwas anderes, mit der Trauer umzugehen. Für Jürgen waren in der Anfangszeit nach Timos Tod besonders seine Arbeitskollegen wichtig. Er stand immer wieder da, bekam einen starren Blick und schaute ins Leere, weil in diesem Moment das Kopfkino startete. Sobald die Kollegen das merkten, sprachen sie ihn an und holten ihn wieder aus seiner Trauerblase raus. Auch die Arbeit selbst half Jürgen, sich abzulenken und nicht immer an Timo denken zu müssen.

Wir waren beide mal bei einer Kinesiologin, die zu Jürgen sagte: »Wenn Selbstvorwürfe, ständiges Kopfkino oder Gedanken kommen, die sich im Kreis drehen, dann denken Sie an einen roten Notausknopf und drücken Sie drauf, um diese Gedanken zu stoppen.« Dieses Bild half ihm am allermeisten.

Eine große Stütze war für Jürgen auch die Selbsthilfegruppe. Auch die Gespräche mit den Eltern des anderen 14-jährigen Jungen, der sich ein paar Monate nach Timo das Leben genommen hatte, waren sehr hilfreich für ihn. Er dachte immer, er sei ein schlechter Vater gewesen, weil er nicht so viel mit Timo unternommen hat. Aber der Vater des anderen Jungen hat ganz viel mit seinem Sohn gemacht. Das zeigte Jürgen, dass es daran nicht gelegen haben kann. Ihm fielen im Gespräch auch wieder viele Sachen ein, die er mit Timo gemacht oder erlebt hat, sodass er irgendwann bemerkte, dass es doch nicht so wenig

war. Er konnte das in seiner Trauer nur nicht mehr sehen.
Mit der Zeit kamen die Erinnerungen aber zurück.

Die beste Hilfe: Selbsthilfegruppe

Wir besuchen auch heute, acht Jahre nach Timos Tod,
noch einmal im Monat die Selbsthilfegruppe von *AGUS*.
In erster Linie ist dieser eine Abend im Monat Timo gewidmet. Diese Zeit gehört nur ihm. Außerdem können
wir dort anderen Suizid-Hinterbliebenen Mut machen,
dass es irgendwann wieder aufwärts gehen kann. Als wir
nach Timos Tod die ersten Male dort waren, dachte ich:
Die haben doch keine Ahnung, wie schlecht es mir geht,
und es wird auch nie wieder besser werden. Jetzt können
Menschen wie Jürgen und ich zeigen, dass dem nicht so
sein muss.

Im Nachhinein betrachtet, war diese Selbsthilfegruppe
eine der besten Hilfen, die wir nach Timos Suizid hatten.
Bei *AGUS* darf man seine Geschichte immer wieder erzählen, egal wie lange sie her ist, ohne dass es jemandem
zu viel wird. Dort darf man lachen, ohne dass jemand
sagt: »Wie, du kannst lachen, nachdem dir sowas passiert
ist?« Dort darf man weinen, ohne dass jemand sagt:
»Wie, du weinst immer noch, nach all der Zeit?«

Wir haben sehr viele Parallelen mit anderen Betroffenen
gefunden und es tut gut, Ansichten auszutauschen. Keiner ist allein mit seinen Problemen. Und dann erzählt jemand: »Ich habe dieses und jenes probiert und es war
hilfreich für mich.« Man hört das und denkt: Das könnte
ich eigentlich auch mal probieren.

Wir haben hier alle möglichen Tipps bekommen, wie
Autogenes Training, den Besuch bei einem Medium, be-

stimmte Rehas und Therapieformen, Besuche am Grab, Bilder aufstellen... Viele Betroffene erzählten, wie gut ihnen Sport tut. Für mich ist das eher nichts. Zum einen schaffe ich das mit meiner Lunge nicht mehr, und zum anderen bin ich meist nach der Arbeit zu faul.

Vielen Menschen helfen auch Musik oder kreative Tätigkeiten, mit denen sie ihre Gefühle ausdrücken können. Bei mir ist es das Singen. Andere fangen an, ein Instrument zu spielen oder in Musiktherapie zu gehen, manche besuchen Töpferkurse und Malkurse.

Mit der Selbsthilfegruppe von *AGUS* sind wir auch den Besinnungsweg *Ge(h)Zeiten* in Nesselwang gegangen. Das ist ein Themenweg mit sechs Meditations-Stationen. Es gibt zum Beispiel ein Labyrinth, durch das man laufen muss, um genau im Zentrum zu lesen, was auf einem Pfeiler steht. Das zog sich ewig in die Länge, für so was habe ich gar keine Geduld. Eine andere Station war ein Holzbett, von dem aus man durch ein Dreieck in den Himmel schauen und die Wolken beobachten kann. Was ich als Erstes dachte, war: Scheiße, das blendet, und sehen kann ich da sowieso nix. Dann konnte man durch eine Glaskugel schauen, durch die sich die Landschaft auf den Kopf dreht. Ich machte alles mit und fand es lustig, aber nicht wirklich tiefgründig.

Für viele war es aber enorm hilfreich, von daher finde ich es super, dass es sowas gibt. Der Ausflug war toll und wir hatten sehr viel Spaß miteinander. Auch diejenigen, bei denen der Suizid ihres Angehörigen noch nicht so lange her war, lachten. Das darf und soll auch so sein!

Für viele Trauernde ist Meditation sehr erholsam. Ich hab das in der Reha mal probiert. Die Frau vorne sagte, wir sollen uns entspannen und an nichts denken. Also sagte ich mir: Nichts denken! Ich erwischte mich aber alle paar Sekunden dabei, wie ich an irgendwelche belanglosen Dinge dachte. Dann sagte ich mir wieder: He, du sollst nichts denken!

Umso länger das ging, desto genervter wurde ich. Diese Ruhe, das Husten, Räuspern und Atmen der anderen zu hören, regte mich immer mehr auf. Der Rücken tat mir dann auch noch weh von dem blöden Rumliegen.

Meine Laune entging der Frau nicht, sie sagte direkt zu mir: »Sie sollen an nichts denken.« Da antwortete ich: »Ich will aber gar nicht an nichts denken.« Daraufhin lachten alle los. Mit anderen Worten: Ich bin zwar nicht zum Meditieren geeignet, bringe aber allen gute Laune.

Es ist eben so, dass Trauer ganz individuell ist und jedem etwas anderes hilft. Es gibt viele Möglichkeiten, etwas für sich zu finden. Aus all diesen Tipps kann sich jeder das rausziehen, was er braucht. So eine Selbsthilfegruppe ist in meinen Augen etwas Großartiges.

Außerdem haben sich dort so tolle Freundschaften entwickelt, dass wir uns mittlerweile auch außerhalb der Gruppe privat treffen. Und das mit Menschen, die wir ohne den Suizid von Timo niemals kennengelernt hätten. Es ist einfach nur schön, dass wir diese Gruppe und die Menschen dort gefunden haben, und ich kann jedem Betroffenen nur ans Herz legen, diese Hilfe anzunehmen.

Umgang mit Selbstvorwürfen

Die Selbstvorwürfe waren das, was Jürgen am meisten fertiggemacht hat. Sie plagten ihn jahrelang. Selbst heute kommen sie ab und an mal wieder hoch, aber nur noch sehr, sehr selten. Obwohl Jürgen genau weiß, dass er sich keine Vorwürfe machen braucht, tauchen sie trotzdem auf, und er kann sie in dem Moment nicht abstellen.

Die meisten Angehörigen, mit denen ich gesprochen habe, werden von Schuldgefühlen, Vorwürfen und Selbstzweifeln gequält. Viele Fragen sich, ob sie noch ganz normal sind. Dazu kann ich sagen: Ja, es ist normal und gehört leider auch zur Trauer dazu. Selbstvorwürfe müssen sein, weil sie zur Verarbeitung dienen.

Wir Menschen tendieren in vielen Situationen dazu, die Schuld anderen Menschen oder uns selbst zu geben, und das in extremer Form. Weil man eben den verlorenen Menschen so sehr geliebt hat und eigentlich nur das Beste für ihn wollte. Deshalb quält man sich selbst und wirft sich falsches Handeln vor. Mit jedem einzelnen Vorwurf macht man sich selbst schlecht und nimmt sich dadurch auch ständig sein Selbstbewusstsein und somit auch die Lebensfreude. Am Ende hat man das Gefühl, dass man es nicht verdient hat, noch auf dieser Welt zu sein, wenn man doch schuld am Tod des anderen hat oder so ein schlechter Mensch ist.

Aber an einem Suizid ist niemand schuld! Und auch deine eigene Vernunft wird das bald wissen, oder vielleicht weiß sie es bereits. Aber du wirst niemandem glauben, dass du nicht schuld bist, wenn du es nicht selber fühlst. Nur du selbst bestimmst, wann deine Schuldgefühle vorbeigehen.

Der wichtigste Schritt dazu war bei mir, dass ich mir selbst vergeben habe. Meine schlimmsten Schuldgefühle waren, dass ich einfach nicht bemerkt habe, wie schlecht es Timo ging. Dass ich die Tage vor seinem Suizid nicht die beste Mama für ihn war, weil es mich geärgert hat, dass er die Privatschule abbrechen wollte. Dass ich am Vorabend, als sein Roller kaputt war, nicht zu ihm gesagt habe, dass ich ihn in die Schule fahre, sondern ihn noch den komplizierten Busfahrplan hab studieren lassen. Dass ich ihn an diesem Tag nicht gefragt habe, wie es ihm geht, ihn nicht in den Arm genommen habe. Dass ich ihn nie darauf angesprochen habe, warum er im Sozialpädiatrischen Zentrum war. Sowas kennt wahrscheinlich jeder Hinterbliebene.

Aber man muss irgendwann verstehen, dass jeder Mensch Fehler macht oder auch mal was sagt, das nicht angebracht ist. Und man macht ja nie vorsätzlich etwas falsch, sondern denkt in dem Moment einfach, es sei richtig so. Es gibt kein Handbuch: Wie bin ich die beste Mama oder der beste Papa. Wir handeln so, wie wir es für das Beste halten.

Sich selbst zu vergeben, ist wahrscheinlich das Schwierigste und Kraftaufwendigste, das in der Trauerarbeit auf einen zukommt. Dennoch ist es möglich und machbar, und vor allem bist du das wert.

Anderen können wir meistens gut verzeihen, nur bei uns selber wird es schwierig. Wir haben gelernt, dass Verzeihen etwas ist, was von außen kommt und nicht von innen. Dass uns das so schwerfällt, liegt an einer Lernerfahrung in unserer Gesellschaft: Fehler sind unerwünscht. Der Stellenwert der Fehlerlosigkeit wird uns schon in der Schule bewusst gemacht. Null Fehler in einer Schulaufgabe gibt eine gute Note und somit Anerkennung, dagegen ist jede rote Markierung im Diktat ein Schandfleck und mindert die Perfektion. Wir lernen schnell, keine Fehler zu machen, und wenn es uns doch passiert, kommen Gefühle wie Scham, Schuld, Angst, Enttäuschung hoch. Manchmal führt das dazu, dass man sich selber hasst.

Ich habe es so geschafft, mir selbst zu verzeihen: Nach Timos Tod hörte ich auf seinem Handy eine Sprachnachricht, die er an einen Freund geschickt hatte. Darin sagte er, dass ich nicht mal bemerken würde, wie schlecht es ihm geht. Das war erst mal wie ein Stich in mein eh schon schmerzendes Herz. Irgendwann wurde ich darüber aber wütend. Ich ging dann in sein Zimmer und schrie, dass es mir wirklich leidtut. Dabei weinte ich alles raus, weil mir in dem Moment noch mal bewusster wurde, dass ich es nie mehr gut machen kann. Dann kam wieder die Wut hoch, und ich schrie ihn an, dass er mir ja nicht mal die Chance gegeben hat, es zu merken, weil er alles in sich reingefressen hat. Ich rief: »Glaubst du wirklich, ich hätte dir nicht geholfen, wenn ich das gewusst hätte?« Ich hatte das Gefühl, er konnte alles hören.

Ich blieb eine Stunde in seinem Zimmer und weinte all meinen Schmerz raus, und dabei wurde mir zum ersten Mal bewusst, dass nicht nur ich Fehler gemacht habe, sondern auch er, weil er nie etwas gesagt hat.

Als ich mich wieder beruhigt hatte, ging ich nach unten und fing an, noch mehr darüber zu grübeln. Irgendwann konnte ich mir eingestehen, dass Fehler eben zum Leben dazugehören, da wir aus ihnen lernen müssen. Wenn man bereut, wie man sich verhalten hat, dann wird man beim nächsten Mal besser aufpassen. Marlene Dietrich sagte mal: »Wenn ich mein Leben noch einmal leben könnte, würde ich die gleichen Fehler machen. Aber ein bisschen früher, damit ich mehr davon habe.« Wie recht sie damit hatte.

Am meisten half mir, auch immer aus Timos Perspektive zu sehen: Was würde er an meiner Stelle tun oder was würde er jetzt zu mir sagen? Diese Veränderung des Blickwinkels wirft ein ganz anderes Licht auf einen Selbstvorwurf. Auch wenn man im Kopf ein Rollenspiel durchgeht, wie sich zwei Menschen über die eigene Situation unterhalten, bekommt man einen anderen Blickwinkel. Man kann dadurch lernen, dass man vielleicht gerade etwas falsch wahrnimmt. Ich habe mir auch manchmal vorgestellt, jemandem in meiner Situation zu begegnen. Derjenige erzählt mir meine Geschichte. Was würde ich denken oder sagen?

Das lässt uns Dinge in einem völlig neuen Licht sehen, denn wir kritisieren uns selbst am meisten von allen. Man kann auch einen Brief schreiben, das ist oft einfacher als reden. Etwas tun und dadurch nachdenken, ist schon doppelte Verarbeitung. Man kann ein Blatt Papier und einen Stift nehmen und sich vorstellen, eine gute Freundin berichtet davon, dass sie sich etwas nicht verzeihen kann – genau das, was man sich auch im Moment selbst vorhält. Man schreibt dann einen Brief an die Person, in dem man der Person Mut macht, sie aufbaut und ihr die Erlaubnis gibt, sich selbst zu vergeben. Zum Beispiel mit solchen oder ähnlichen Fragen: Warum ist es in Ordnung, die Vergangenheit ruhen zu lassen? Was sind vielleicht sogar Vorteile? Gibt es etwas Positives an der Situation? Kann man zum Beispiel etwas daraus lernen? Gibt es Worte oder eine Geste, die der anderen Person helfen würden, sich selbst zu verzeihen?

Man kann sich auch mit sich selbst versöhnen. Das klingt jetzt vielleicht etwas bescheuert, aber man kann sich zum Beispiel selbst umarmen, indem man die Arme verschränkt und die Hände auf die Schulterblätter legt. Dazu kann man laut oder in Gedanken aussprechen: »Ich verzeihe mir.«. Das bedeutet nicht, Entscheidungen oder Dinge, die passiert sind, schönzureden. Es bedeutet, dass man zu sich selbst sagt: »Es ist ok, so wie es ist. Ich bin ok, so wie ich bin.«

Natürlich kann es passieren, dass die unangenehmen Gefühle und Gedanken trotz aller Versuche, sich selbst zu verzeihen, bleiben. Wenn man bemerkt, dass sie einen stark belasten und nicht abnehmen, sollte man sich Unterstützung holen. Auch kann eine Psychotherapie hier hilfreich sein, um einen neuen Umgang mit Vergangenem zu finden.

In Suizid-Einsätzen sagen Kollegen manchmal zu den Betroffenen: »Sie brauchen sich keine Vorwürfe machen.« Ich spare mir diesen Satz, weil ich weiß, dass sie trotzdem da sind. Aber zu wissen, dass sie auch einen Sinn bei der Verarbeitung haben, ist vielleicht ein kleiner Trost. Und wenn es zu viel wird: Drück den roten Notausknopf!

KONFRONTATION MIT DER ANGST

Ich bekomme eine Anfrage für einen Podcast-Termin beim Kirchenradio in München. Ich stutze, da die Kirche dem Thema Suizid ja nicht gerade offen gegenübersteht. Das wird spannend. Aber natürlich will ich die Chance wahrnehmen und sage zu.

Ich fahre also nach München, stellte mein Auto beim Autohaus ab, um ein neues Fahrwerk einbauen zu lassen, und fahre dann mit der U-Bahn zum Kirchenradio. Ich bin das erste Mal auf Schienenverkehr unterwegs, seit das mit Timo passiert ist. Das wird schwierig, aber für mich ist klar, dass ich solche Situationen eingehen muss, um mich selbst zu therapieren. Ich bin ein Mensch, der sich mit allem konfrontiert, um eine Besserung zu erzielen. Also muss die U-Bahn sein.

Es ist schrecklich, das Kreischen der Schienen zu hören. Ich denke über die Gewalt eines Zuges nach und wie brachial so ein Schienensuizid sein kann. Ich werde immer unruhiger und die Luft bleibt mir weg, ich habe das Gefühl, zu ersticken. Ich versuche, mir nicht anmerken zu lassen, dass ich kurz vorm Durchdrehen bin. Im Kopf sage ich mir immer wieder: einatmen - ausatmen. Traurig bin ich seltsamerweise nicht. Ich schaue die Menschen um mich herum an und denke darüber nach, wie normal das Bahnfahren für sie ist. Als ich an meiner Station ankomme und aussteigen kann, bin ich heilfroh.

Ich kann sowas machen, weil ich weiß, dass ich es schaffe und auch aushalten kann. Und wenn nicht, wäre es auch egal gewesen, ich hätte ja an jeder Station aussteigen können. Tatsächlich wusste ich aber im Inneren, dass ich das durchziehe, dazu bin ich zu verbissen. Für mich wäre es aber auch egal gewesen, wenn ich in der U-Bahn gesessen und geheult hätte.

Das ist aber natürlich nicht für jeden ratsam. Mach so eine Konfrontation nicht alleine, wenn du dir nicht sicher bist. Nimm dir lieber jemanden aus deinem Umfeld mit, der dich auffangen kann, wenn du es nicht mehr aushältst. Idealerweise hast du einen Therapeuten, der mit dir die Angst-Konfrontation durchzieht. Denn es kann natürlich sein, dass du dadurch so getriggert wirst, dass alles wieder hochkommt.

Die Radio-Aufnahmen dauern etwa eine Stunde. Die Frau ist nett, aber ich bin noch komplett fertig von der Rennerei und Fahrerei durch München. Trotzdem freue ich mich total, meine Geschichte erzählen zu können.

Ich werde seit Timos Tod immer wieder zu Podcasts und Interviews eingeladen und nehme alle Termine mit, um über das Tabuthema Suizid zu sprechen und gegen das Stigma zu kämpfen, das psychischen Erkrankungen anhaftet. Ich möchte nicht mehr, dass so viele Eltern, Angehörige, Freunde das mitmachen müssen, was wir erlebt haben. Und ich möchte auch nicht mehr, dass so viele Menschen, die erkrankt sind, hilflos und allein damit sind. Es ist für mich manchmal unerträglich, wenn ich darüber nachdenke, wie viele Menschen psychische Erkrankungen haben, denen nicht geholfen wird, oder die sich nicht helfen lassen.

Diese Presseanfragen helfen mir auch persönlich weiter, da ich mir immer wieder alles von der Seele reden kann. Es tut gut, wieder mal über all das zu reden, wofür viele andere kein offenes Ohr mehr hatten. Die meisten Leute wollen irgendwann nichts mehr über Timo hören, das Thema ist ja auch oft genug durchgekaut worden. Klar, für sie geht das Leben normal weiter. Aber für mich ist es komplett stehen geblieben.

Gerade wenn ein Kind stirbt, stirbt auch ein Teil der eigenen Zukunft mit. Man wird nie sehen, wie das eigene Kind sein Leben weiter gestaltet, heiratet oder selbst Kinder bekommt. Ich denke viel darüber nach, was Timo heute wohl machen würde und der Verlust wird nie komplett abgeschlossen sein.

Jedes Mal, wenn ich Timos und meine Geschichte erzähle, ist es, als ob ein weiteres Stück der Last von mir abfällt. Einmal in der Woche kommt meine Freundin Manu vorbei, der ist es egal, wenn ich tausend Mal von Timo erzähle. Nachmittags besuchen mich ab und zu mein Patenkind Vanessa, meine Schwägerin Petra, Corinna oder Tati, auch sie hören mir immer zu und bringen mich auch oft zum Lachen, was unheimlich hilfreich ist.

Am Anfang habe ich mich innerlich geschämt, wenn ich herzlich lachen musste, aber das ist Blödsinn. Man braucht das, um wieder Kraft für eine nächste Trauerwelle zu tanken.

Manchmal weiß ich auch nicht, was ich noch über Timo erzählen soll. Es gibt ja nichts mehr Neues von ihm, so hart das klingt. Aber es ist nun mal so.

Ich finde es trotzdem total wichtig, dass man immer wieder darüber erzählt, was passiert ist. Zudem weiß ich aus heutiger therapeutischer Sicht, wie wichtig dieses immer wieder Durchkauen der Gedanken und Tatsachen ist, um eine gute Verarbeitung hinzubekommen.

Natürlich braucht es dazu auch jemanden, der zuhören kann und bei dem man sich nicht unwohl fühlt oder Angst hat, weil man es zum zweihundertsten Mal erzählt. Wenn ihr niemanden habt, dann geht in eine Therapie, denn die ist genau für so etwas da.

THERAPIE HILFT!

Meine Therapeutin hilft mir unheimlich. Ohne die Gespräche mit ihr würde ich mit meiner Trauerarbeit nie so schnell vorankommen. Deshalb kann ich euch eine Therapie absolut empfehlen!

Nach einem meiner Therapie-Termine laufe ich zu meinem Auto und sehe, dass es angefahren wurde. Mein Auto trägt eine komplette Airbrush-Lackierung als Werbung für das Studio. Muss ich die auf eigene Kosten reparieren lassen, wird das sündhaft teuer. Scheiße! Mir fällt ein, dass im Hof gegenüber ein silberfarbenes Auto stand. Ich fahre also zur Polizei und zeige den Schaden an. Es kommt raus, dass es wohl eine achtzigjährige Frau war, die nicht gemerkt hat, dass sie gegen ein anderes Auto gefahren ist. Durch diese Aussage weigert sich die Versicherung, den Schaden zu bezahlen, da ja nicht bewiesen ist, dass die Frau es wirklich war.

Bähm! Da ist es wieder. Dieses Gefühl, erneut einer Belastung standhalten zu müssen, die viel Kraft kostet. Anwaltsbriefe hin und her, Ärger, Geldsorgen ... Da merke ich wieder, dass ich nicht mehr so stabil bin wie früher, und dass es nicht mehr so leicht für mich ist, zu kämpfen.

Zum Glück habe ich eine tolle Anwältin, die einfach nicht aufgibt. Als sie ein Unfall-Sachverständigen-Gutachten anfordert, lenkt die Versicherung auf einmal ein und bezahlt den Schaden doch.

Diese Geschichte zeigt, dass auch Jahre nach Timos Suizid eine eigentlich unwichtige Sache für mich doch noch mal sehr belastend werden kann, und ich denke mal wieder: Dieses von der Gesellschaft vorgegebene eine Trauerjahr reicht einfach nicht aus!

Bei anhaltender Trauer über einem Jahr wird offiziell eine sogenannte abnorme Trauerreaktion diagnostiziert. Das ist für mich absoluter Quatsch. Jeder Mensch ist anders, das kann man doch nicht an der Zeit festmachen. Zumal es ein riesiger Unterschied ist, ob deine Eltern, dein Partner, ein Geschwister oder dein Kind sterben.

Ich würde felsenfest behaupten: Niemand, der sein Kind verliert, schafft es, die Trauer innerhalb eines Jahres zu bewältigen. Mich würde mal interessieren, was daran abnorm sein soll? Ich finde es einfach falsch, so zu pauschalisieren. Aber im ICD-10, der amtlichen Klassifikation zur Verschlüsselung von Diagnosen in der ambulanten und stationären Versorgung in Deutschland, ist es so vorgeschrieben. Aber egal, Therapie hilft trotzdem!

Auch Jürgen profitiert von meiner Therapie. Wenn wir als Paar vor einem Problem stehen und nicht wissen, wie wir das lösen sollen, frage ich immer meine Therapeutin um Rat. Insbesondere dann, wenn irgendwas war, auf das ich ihn aufmerksam machen will, und nicht weiß, wie ich was am besten sage, ohne ihn zu verletzen. Sie hilft mir immer, ich kann fragen, was ich will, sie weiß immer einen Weg.

Und noch etwas bewirkt die Therapie für uns als Paar: Wenn ich mich auf die Hinterbeine stelle, mich zurück ins Leben kämpfe und endlich wieder mit mir selber klar komme, verbessert sich auch automatisch die Beziehung zwischen meinem Partner und mir. Denn wenn es einem selber besser geht, geht es den Menschen im Umfeld ebenfalls besser.

Paartherapie

Kurz nach Timos Tod haben Jürgen und ich eine Paartherapie gemacht, die uns sehr geholfen hat. Wir waren fünf Mal dort und die Therapeutin brachte uns bei, wie wir wieder miteinander kommunizieren und auch Dinge aus den Sichtweisen des Partners sehen können.

Die Stimmung war nach Timos Tod echt schrecklich zwischen uns. Jürgen suchte meine Nähe und ich wies ihn immer ab. Er wollte nur mal in den Arm genommen und getröstet werden, aber ich konnte das nicht. Er entwickelte dadurch sehr starke Verlustängste: Zuerst hatte ihn Timo verlassen und jetzt auch noch seine Frau?

Ich wollte hingegen einfach nur meine Ruhe haben, zog mich in meine Trauerblase zurück, wollte nur Nachdenken und alleine sein. Ich musste erst mal wieder mit mir selbst klar kommen. Keiner von uns hatte Verständnis für den anderen und da wir nach Timos Tod so dünnhäutig waren, legten wir alles auf die Goldwaage und fühlten uns gegenseitig sofort angegriffen. Irgendwann redeten wir nicht mehr normal miteinander, sondern machten uns nur noch Vorwürfe.

Was wir in der Paartherapie lernten, war anfangs nicht einfach umzusetzen, wir fielen immer wieder in alte Muster zurück. Aber die Therapeutin sagte uns, dass wir uns dann gegenseitig sagen sollen: »Achtung! Altes Muster!« Es ist unheimlich schwer, das abzulegen, was sich über Jahrzehnte eingefahren hat, und neue Kommunikationsformen zu lernen. Keine Vorwürfe zu machen und auch keine Sätze zu bilden, die sich für den anderen wie ein Vorwurf anhören, und in der Ich-Form zu sprechen. Zum Beispiel: »Ich finde es doof, wenn ich die Spülmaschine ausräumen muss«, anstatt zu sagen: »Du hast die Spülmaschine wieder nicht ausgeräumt!« Das ist ein belangloses Beispiel, macht aber tatsächlich in der Kommunikation einen riesigen Unterschied.

Mittlerweile reden wirt nur noch so miteinander, ohne dass wir darüber nachdenken müssen. Es geht ganz automatisch. Wir haben wieder jede Menge Spaß zusammen. Wenn ich ein paar Jahre zurückdenke, wie schwierig das zwischen uns war, und wie toll es heute ist, bin ich manchmal richtig gerührt. Da liegen Welten dazwischen.

Ich höre oft von Angehörigen: »Mein Partner trauert nicht.« Ich kann euch sagen: Das stimmt nicht, der Partner trauert nur anders. Habt einfach mehr Akzeptanz und Wertfreiheit mit dem anderen. In meinen Augen ist das Wichtigste in einer Beziehung die gegenseitige Toleranz. Man muss nicht verstehen, warum der andere so denkt und handelt, aber akzeptieren muss man es.

Gebt euch Zeit, jeder für sich allein, aber auch zu zweit. Habt Geduld mit euch selbst und auch mit eurem Partner. Es wird irgendwann wieder besser. Zumindest dann, wenn noch Liebe vorhanden ist oder zuvor da war. Ich sage immer: »Timo hat uns fast auseinandergebracht, aber jetzt hat er uns noch mehr zusammengeschweißt.«

Ich weiß, dass unendlich viele Paare an einem solchen Schicksalsschlag zerbrechen. Oft gibt jeder dem anderen die Schuld. Klar ist es einfacher, nicht über die eigene Verantwortung nachdenken zu müssen.

Manchmal sind es aber auch einfachere Dinge, die zu Trennungen führen. Die meisten Menschen verändern sich nach so einem Ereignis und man ist nicht mehr dieselbe Person. Das ist ganz normal, aber eventuell kommt ein Partner damit nicht klar.

Manche Hinterbliebene verspüren auch viel Wut, mit der sie nicht umgehen können, und der Erste, der es abbekommt, ist der Partner. Tut das bitte nicht. Euer Partner leidet genauso unter dem Suizid wie ihr. Ihr macht nicht nur euch, sondern auch dem anderen das Leben noch schwerer. Kämpft euch zurück, holt euch Hilfe, es geht, und es lohnt sich.

Die Wahl des Therapeuten

Wenn ich an meinen ersten Therapeuten denke, werde ich immer noch wütend. Er hat mich und Jürgen gleichzeitig in Therapie genommen, obwohl das eigentlich ein No-Go ist, und uns dann auch noch gegeneinander ausgespielt. Daher mein Appell an euch: Solltet ihr selbst einen Therapeuten suchen, denkt immer dran, dass nicht der Erstbeste für euch der Beste ist. Manchmal muss man sich mehrere Therapeuten anschauen und spüren, ob sie zu einem passen oder eben nicht. Auch wenn es mühselig und zeitaufwendig ist, weil man ja kaum Termine bekommt. Aber habt Geduld, das Warten lohnt sich.

Leider stelle ich in vielen Gesprächen mit Betroffenen fest, dass es jede Menge Therapeuten gibt, deren Gesprächsform oder Verhalten nicht angemessen für diese Situation ist. Viele schildern mir, wie ihre Therapiesitzungen ablaufen, und manchmal bleibt mir da echt der Mund offen stehen.

Ein Beispiel: Es geht um eine Frau, die schon seit Jahren an Depressionen leidet und schon lange bei einem Therapeuten in Behandlung ist - ich glaube, es sind bereits fünf oder sechs Jahre. In dieser Zeit spürte sie kaum eine Verbesserung. Sie fragte den Therapeuten, was sie tun könnte, damit es ihr besser geht. Wenn sie überhaupt eine Antwort bekam, dann hieß es: »Das müssen Sie schon selbst herausfinden, das kann ich ihnen nicht beantworten.« What??? Solche Aussagen kenne ich von meiner Therapeutin nicht. Natürlich kann der Therapeut seiner Patientin nicht sagen, dass dieser oder jener der einzig richtige Weg für sie ist. Aber er könnte sagen: »Als es Ihnen schon mal schlecht ging, was haben sie denn da gemacht, damit es ihnen wieder besser gegangen ist? An was haben Sie Freude? Haben Sie dieses oder jenes schon mal probiert?« Oder er könnte einfach einfach Anregungen nennen.

Manche Therapeuten sagen gar nichts, oder so gut wie gar nichts, das ist meist bei tiefenpsychologischen oder psychoanalytisch orientierten Verfahren der Fall. Damit kann nicht jeder Patient etwas anfangen.

Ich frage mich oft: Müsste man als Therapeut nicht eigentlich einfühlsam sein und individuell überlegen: Wie ist mein Patient, was braucht mein Patient? Für mich wäre so ein Verhalten ganz klar der Punkt, den Therapeuten zu wechseln.

Zu wenig Therapieplätze

Mach halt eine Therapie – das sagt sich so leicht. Denn es gibt immer noch viel zu wenig Therapieplätze in Deutschland. Ich merke oft, wie schwer es ist, jemandem, der Hilfe braucht, einen Termin zu vermitteln.

Oft ist es so, dass ein psychisch Erkrankter unendlich oft bei einem Therapeuten anrufen muss, um wenigstens ein Beratungsgespräch zu bekommen. Jemand, der zum Beispiel Depressionen hat, kann sich ohnehin kaum zu etwas aufraffen. Wie schwer muss es ihm dann erst fallen, nach Therapieplätzen zu suchen? Für Betroffene ist das ein Kraftakt, den man sich als gesunder Mensch gar nicht vorstellen kann.

Viele Betroffene schaffen das alleine nicht. Was ihnen allerdings hilft, ist einen Menschen an ihrer Seite zu haben, der sie bestärkt und sagt: »Komm, wir rufen zusammen an, du bist nicht allein.«

Ein Tipp von mir: Wenn du dringend ein Beratungsgespräch beim Therapeuten brauchst, dann kannst du den KVB unter 116117 anrufen, der muss dir einen Beratungstermin innerhalb der nächsten vier Wochen in deiner Umgebung geben. Allerdings ist das noch kein Therapieplatz. Wenn jedoch ein Therapeut beim Beratungsgespräch sieht, wie dringlich dein Fall ist, wird er versuchen, dich irgendwie zwischenrein zu schieben.

Ich verstehe einfach nicht, warum es so wenige Therapieplätze gibt. Das Verrückte ist: Therapeuten gibt es viele. Aber in einem Bezirk dürfen sich gemäß den Vorschriften der Kassenärztlichen Vereinigung nur eine bestimmte Anzahl an Therapeuten mit kassenärztlicher Zulassung niederlassen. Diesen Kassensitz muss sich ein Therapeut dann auch noch erkaufen.

Privatversicherte finden in der Regel schneller einen Platz, da die privaten Krankenkassen besser zahlen und Privatpatienten somit von den Therapeuten auch lieber genommen werden. Oft übernehmen die privaten Krankenkassen auch die Kosten für den Heilpraktiker für Psychotherapie. Somit stehen den Privatversicherten mehr Therapeuten zur Verfügung.

Kassenpatienten haben zwar die Möglichkeit, als Selbstzahler zu einem Therapeuten zu gehen, der eigentlich nur Privatpatienten nimmt, aber viele können sich eine Therapie nicht leisten.

Was ist das für ein System? Ich finde, das ist ein unmögliches Gesetz und Vorgehen. So viele Menschen brauchen dringend Hilfe. Warum beschränken die Krankenkassen die Therapieplätze?

Es geht hier um Menschenleben, verdammt noch mal!

VORTRÄGE IN SCHULEN

Nach dem Erscheinen von *Dark Way* schreiben mir viele Lehrer, wie wichtig das Thema Depressionen und Suizid für Schulen wäre, und dass sie es gerne bei sich im Unterricht einbringen möchten. Einige kommen deswegen sogar zu mir ins Studio.

Ich finde das toll, aber so sehr sich die Lehrkräfte auch einsetzen, diese Ideen werden vom Direktorat oder von den Elternbeiräten immer wieder abgeschmettert. Es ist einfach zum Kotzen, wie viele Menschen sich vor psychischen Erkrankungen verschließen. Na klar, so lange bei einem selber nichts passiert, ist das Thema weit weg. Aber wenn ich Menschen dazu befrage, kennt jeder jemanden, bei dem im nahen Umfeld ein Suizid vorgekommen ist. Im Jahr 2023 gab es in Deutschland 10.304 Suizide und es werden aktuell jedes Jahr mehr. Im Schnitt sind sieben Personen aus dem Angehörigen- und Freundeskreis betroffen. Das sind also pro Jahr 72.128 Menschen allein in Deutschland, die, ob sie wollen oder nicht, mit dem Thema Suizid in Berührung kommen.

Mag sein, sagen viele Leute, aber es ist verrückt, Kinder und Jugendliche mit diesem Thema zu konfrontieren. Viele Menschen finden, das könne man vielleicht bei Schülern in der Berufsschule machen, aber noch nicht in der Unter-, Mittel- oder Oberstufe – oder gar in der Grundschule.

Nun, was soll ich sagen. In der Berufsschule ist es leider oft schon zu spät. Die jüngsten Suizidenten, von denen ich weiß, waren 8 Jahre alt. Und gar nicht selten kommen Suizide im Alter zwischen 12 und 15 Jahren vor. Das kann man doch in unserer Gesellschaft nicht immer wegleugnen. Davon waren 22 der Suizidenten unter 15 Jahre alt und 173 waren zwischen 15 und 19 Jahre alt.

Das Thema ist also auch für jüngere Kids wichtig, man muss es eben nur altersgerecht vermitteln. Nämlich nicht explizit als Suizid, sondern als psychische Erkrankungen – und der Suizid wird als Symptom erwähnt, damit man sieht, wie lebensgefährlich eine psychische Erkrankung werden kann.

Es gibt eigentlich kaum einen Jugendlichen, der in der Pubertät nicht mal über Suizid nachdenkt oder einfach nur den Sinn des Lebens hinterfragt und überlegt, warum er überhaupt auf dieser Welt ist. Wenn wir ehrlich sind, hatten wir alle mal solche oder ähnliche Gedanken. Man kommt in dem Alter mit sich, den Eltern und der Umwelt schwer klar und oft ist alles scheiße.

Depressive Jugendliche denken oft, dass es uns Eltern ohne sie besser ginge. Auch Timo dachte so. Aber sie wollen uns mit ihren Sorgen nicht belasten, also sagen die meisten eben nichts, was in manchen Fällen nach hinten losgehen kann. Natürlich möchte ich hier nicht alle Kids über einen Kamm scheren. Die Stimmungslage in dcr Pubertät ist bei jedem anders, deshalb schreibe ich hier ja: kann. Aber dass etwas passieren kann, reicht mir ehrlich gesagt auch. Zudem haben laut der Publikation *Suizidprävention Deutschland* (zu finden auf der Homepage des Bundesgesundheitsministeriums) Studien gezeigt, dass Jugendliche sich wünschen, mit dem Thema Suizid konfrontiert zu werden. Und wenn man dies tut, hat laut Studie bei 64 % die Suizidalität abgenommen.

Wie oft sagen mir Jugendliche, dass mit ihnen etwas nicht stimmt, aber sie nicht wissen, was. Oder dass jemand aus dem Freundeskreis sich plötzlich sehr verändert hat und sie nicht verstehen, was los ist.

Wenn Jugendliche in der Schule lernen würden, was die Symptome einer psychischen Erkrankung sind, würden sie sich eher Hilfe holen oder andere darauf aufmerksam machen, dass man sich Hilfe holen kann.

Auch würde der Umgang mit psychischen Erkrankungen offener werden, weil schon in der Schule darüber gesprochen wurde. Das Stigma würde so irgendwann gebrochen. Dann denk einfach mal 30 Jahre weiter. Diese Schüler, die damals etwas über psychische Erkrankungen gelernt haben, sind irgendwann selbst Eltern. Wenn sie an ihren Kindern Symptome feststellen, können sie früher handeln und ihr Kind darauf ansprechen.

Meiner Ansicht nach müsste es deshalb an Schulen sogar Pflicht werden, über psychische Erkrankungen zu unterrichten. Vielleicht werde ich das nicht mehr erleben, aber ich werde, so gut ich kann, daran mitarbeiten, dass es eines Tages so kommen wird. Keiner, aber auch wirklich keiner soll sich für eine psychische Krankheit schämen müssen!

Lesung in München

Es geschehen Zeichen und Wunder: Von einer Schule aus München kommt irgendwann eine E-Mail, ob ich nicht eine Art Vortrag oder Lesung halten möchte. Mega, ich freue mich riesig. Aber als der Termin näher rückt, werde ich auf einmal unsicher. Ich weiß nicht mehr, wie ich das machen soll. Brauche ich einen Plan?

Ich treffe mich mit meinem guten Freund Armin, er ist Sozialpädagoge und arbeitet für das Jugendamt in der Familienhilfe, zum Teil auch mit sehr schwierigen Kindern und Jugendlichen. Wenn mir einer weiterhelfen kann, dann er. Ich frage ihn also: »Wie soll ich das denn machen? Soll ich nur was vorlesen? Soll ich mir ein Schema machen, wie ich vorgehe? Wie spreche ich die Jugendlichen am besten an?« Fragen über Fragen.

Er schweigt kurz und sagt dann: »Nein, lass es, mach dir keinen Plan. Rede und mach so, wie du das immer machst. Schau es dir an und entscheide nach deinem Bauchgefühl. Du machst das richtig. Die Leute spüren, dass du genau so redest, wie du es im Buch schreibst. Das bist du, und das ist deine Geschichte.«

»Eigentlich hast du recht«, sage ich. »Aber was ist, wenn ich etwas nicht beantworten kann oder ich in Tränen ausbreche?«

Armin sagt darauf: »Dann ist das eben so, und es macht dich noch glaubwürdiger.«

Uff, das muss ich erst mal sacken lassen und eine Nacht drüber schlafen. Aber am nächsten Morgen ist mir klar, dass er Recht hat.

Früh morgens fahre ich also nach München. Die Lehrkräfte haben die Aula aufgestuhlt wie einen Sitzungssaal. In diesem Moment wünsche ich mir zum ersten Mal einen Stuhlkreis, was ich zu Schulzeiten hasste. Es sind 40 bis 50 Schüler im Alter zwischen 8 und 18 Jahren da. Wahnsinn!

Ich fange an, über Timo, mich und unsere Geschichte zu erzählen. Nicht alles bis ins Detail, da ich ja nicht gezielt auf den Suizid hinauswill. Ich erwähne ihn eigentlich nur als Folge einer Depression, um damit aufzuzeigen, wie gefährlich so eine Erkrankung werden kann.

Alle, aber auch wirklich alle, hörten aufmerksam und total auf mich fixiert zu. Keiner ratscht, niemand hat ein Handy in der Hand. Sie schauen mich an und keiner wendet den Blick von mir ab, ich fühle mich fast schon angestarrt. Das ist nicht wirklich angenehm, aber ich bleibe ruhig. Ich weiß, was ich vermitteln will, und mein Kopf sagt mir: Sie hören dir zu, also ist es so richtig.

Nachdem ich mit meiner Geschichte durch bin, frage ich die Schüler, ob sie irgendetwas wissen wollen. Ich sage, dass sie mich wirklich alles fragen dürfen, sie brauchen keinerlei Angst oder Scham zu haben. Es kommen Fragen, aber man merkt, dass diese bereits vorher innerhalb der Klassen ausgearbeitet wurden.

Nur ein Schüler fragt mich direkt, wie es mir geht und wie ich mich nach so einem Verlust vor die Leute stellen kann, wo ich diese Kraft hernehme.

Ich erkläre ihm, dass ich anderen damit helfen möchte und somit auch mir selbst helfe. Wo ich die Kraft dazu hernehme, kann ich nicht beantworten, eigentlich weiß ich das selbst nicht. Vielleicht habe ich von Natur aus so eine starke Resilienz. Anscheinend bin ich ein Stehaufmännchen und eine Kämpfernatur. Ich bin kein Mensch, der sich unterkriegen lässt. Viele Leute könnten das nicht, da hat er recht. Umso wichtiger finde ich es, dass es diejenigen machen, die stabil genug sind und die Kraft dafür haben.

Er fragt wieder: »Tut Ihnen das nicht weh, wenn Sie darüber sprechen?«

Ich sage: »Nein, im Gegenteil. Wenn ich darüber spreche, ist Timo immer noch ein Stück weit am Leben beteiligt. Er hat hier seinen Platz in der Welt und kann mit seiner Geschichte viel bewirken. Da er es persönlich nicht mehr kann, versuche ich, es in seinem Sinne zu tun. So lange ich über ihn und seine Geschichte spreche, wird er nicht vergessen.«

Schüler suchen Hilfe

Als wir mit den Fragen durch sind, sagt eine Lehrerin, dass sie nebenan ein Zimmer eingerichtet hat, damit die Jugendlichen noch die Möglichkeit haben, mit mir allein zu sprechen. Hoppla, das wusste ich vorher gar nicht, aber die Idee finde ich sehr gut. Ich gehe also mit ihr in dieses Zimmer und sie holt mir einen Kaffee. Schön ist es hier nicht, spärlich eingerichtet, und es riecht irgendwie nach alten Büchern. Schule halt. Eigentlich kein Ort zum Wohlfühlen. Ich warte, aber keiner kommt.

Als ich dort ein paar Minuten alleine sitze, merke ich, wie anstrengend der Vortrag für mich war. Ich bin total platt. Das hätte ich nicht gedacht. Wahrscheinlich kommt eh kein Jugendlicher mehr, es ist Nachmittag und sie wollen sicher alle nach Hause. Vielleicht war die Veranstaltung auch nicht so ansprechend für sie, oder sie trauen sich einfach nicht, denke ich. Egal, zumindest habe ich es versucht.

Zack, geht die Türe auf und ein etwa vierzehnjähriger Junge kommt rein. Ich bin erstaunt, wahrscheinlich schaue ich ihn an wie ein Auto. Aber mein plattes Gefühl ist sofort weg. Ich frage ihn, ob ich ihm irgendwie helfen kann. Er setzt sich zu mir und erzählt, dass er die Symptome, von denen ich gesprochen habe, zum Teil hat und ob ich glaube, dass dies Depressionen seien. Ich antworte: »Ich kann das nicht genau sagen, weil ich keine Ärztin bin, aber ja, das könnte sein.«

Er erzählt weiter, dass er diese Symptome auch an seiner Mutter sieht und er dachte, es sei ganz normal, dass man so traurig ist und negative Gedanken hat, so ohne Freude ist und zu nichts mehr Lust hat. Er sagt, dass er manchmal gar nicht mehr aufstehen will, weil er so kraftlos ist. Und er glaubt, dass seine Mama gar nicht bemerkt, wie schlecht es ihm geht.

Ich frage ihn, wie es ihm damit geht.

Er meint: »Gar nicht gut, und wenn er seine Mutter auch so sieht, zieht ihn das noch mehr runter.«

Was soll ich jetzt machen? Ich sage ihm, dass er sich in erster Linie um sich selbst kümmern muss, damit es ihm besser geht, weil ihm sonst irgendwann die Kraft ausgeht. Und seine Mama ist erwachsen, die muss sich auch um sich selbst kümmern. Ich erkläre ihm, dass es völlig normal ist, wenn man mal traurig oder niedergeschlagen ist. Aber wenn es nur noch so ist, dann sollte man hellhörig werden.

Ich rate ihm, ganz offen mit seiner Mutter darüber zu sprechen und ihr zu sagen, wie es ihm geht. Und ich gebe ihm verschiedene Adressen und Telefonnummern, bei denen er Hilfe bekommen kann. Dank Dr. Google ist es gar kein Problem, das schnell mit Umkreissuche herauszufinden. Zudem biete ich ihm an, dass seine Mutter sich jederzeit bei mir via Facebook oder E-Mail melden darf.

Ich sage ihm, dass er damit nicht allein ist und es ganz viele Menschen gibt, denen es auch so geht. Es gibt Fachleute, die sich damit auskennen und ihm helfen können. Wenn er sich Hilfe holt, wird es ihm nicht von jetzt auf gleich besser gehen, aber es wird mit der Zeit aufwärtsgehen.

Er ist so dankbar, seine Augen leuchten, ich merke richtig, wie allein dieses Gespräch ihm schon weitergeholfen hat. Er nimmt alles, was wir aufgeschrieben haben mit und geht. Leider hat sich seine Mutter nie gemeldet, oder zumindest hat sie nicht gesagt, dass sie die Mutter des Jungen ist. Es hätte mich sehr gefreut. Ich weiß aber natürlich auch nicht, ob er ihr von unserem Gespräch erzählt hat.

Kaum ist er draußen, fliegt die Tür wieder auf und ein etwa elfjähriger Junge kommt rein. Er druckst etwas herum und kann noch nicht so offen erzählen. Er fragt, ob ich glaube, dass es Sinn machen würde, wenn er das Buch seinen Eltern gibt. Und ob ich glaube, dass sie manche Dinge dann anders sehen würden. Ich frage ihn, was für Dinge er denn genau meint. Und er sagt: »Na, sowas wie der Sinn des Lebens und einfach psychische Erkrankungen eben.« Ich verstehe schon, was er meint, versuche aber, ein bisschen was aus ihm rauszukitzeln. Er traut sich nicht und schämt sich auch etwas, weil er rote Backen bekommt. Er lässt es nicht zu, das muss ich akzeptieren, denn nicht jeder möchte mit mir über seine Probleme sprechen.

Ich sage ihm, dass es schon Sinn machen könnte, das Buch seinen Eltern zu geben. Ich denke, wenn sie es lesen, werden sie bestimmt aufmerksamer und denken vielleicht auch anders über psychische Erkrankungen. »Probier es doch einfach, was soll schon schief gehen?«, sage ich. »Und wenn es dir schlecht geht, sag es ihnen bitte. Das ist sehr wichtig und du wirst sehen, dass sie dir Verständnis entgegenbringen, mehr als du glaubst. Falls du nicht mit deinen Eltern sprechen willst, rede mit einem Freund oder einer Freundin darüber.«

Zusätzlich gebe ich ihm die Nummer gegen Kummer und die E-Mail-Adresse von U25, falls er lieber mit einem Fremden sprechen möchte. So verdruckst, wie er gekommen ist, geht er auch wieder, lächelt aber dabei, was mich sehr freut.

Dann kommt kein Schüler mehr, dafür aber die Lehrerin mit einem weiteren Kaffee. Gott sei Dank. Ich bin echt geschlaucht und ich muss ja noch eineinhalb Stunden nach Hause fahren.

Sie erzählte mir, dass sie gesehen hat, dass die beiden Jungs bei mir waren und genau bei diesen beiden hatte sie auch vermutet, dass etwas nicht stimmt.

Da breche ich in tausend Tränen aus. Genau das wollte ich erreichen. Ich bin so glücklich, dass es funktioniert hat und sich die beiden nach meinem Vortrag getraut haben, zu mir zu kommen. Der erste Schritt ist manchmal der Wichtigste.

Ich erkläre der Lehrerin, dass sie sich nicht scheuen soll, Schüler bei einem Verdacht direkt drauf anzusprechen, ob es ihnen nicht gut geht, und auch, ob sie suizidale Gedanken haben. Sie erschrickt und sagt: »Aber das kann ich ja so nicht einfach fragen, da wecke ich vielleicht schlafende Hunde und bringe sie doch erst auf den Gedanken.«

Ich erkläre ihr, dass dies ein Mythos ist. Meist fühlen sich junge Menschen ernst genommen, wenn man sie anspricht, und verlieren ihre Angst. Sie fangen an, sich zu öffnen. Die Lehrerin bedankt sich für die ganzen Tipps und wir verabschieden uns.

CHAOS UND LEERE

Am nächsten Tag sackt die Veranstaltung und die Trauer überfällt mich wieder. Das macht aber nichts, das darf so sein. In den Tauerphasen habe ich immer mal wieder das Gefühl von Chaos und Leere, was sich eigentlich widerspricht und dennoch genau so ist. Man kann dieses Gefühl kaum beschreiben, das ist aber genau der Gemütszustand, in dem ich mich dann befinde. Alles ist aus den Fugen geraten, nichts ist mehr so, wie es einmal war. Es bleibt das Gefühl von Leere und Einsamkeit.

In der Trauer zu sein heißt, dass man diese mit niemandem teilen kann. Man kann sich auch nicht mitteilen. Diese verdammte Trauer kann einem einfach keiner abnehmen, da muss man ganz alleine durch. Wer da drinsteckt, kann nicht mal ein kleines Stück über diese hohe Mauer voller Schmerz schauen, um zu sehen, was da draußen eigentlich vor sich geht. Man ist dazu nicht in der Lage. Im Inneren bleibt man mit der Trauer allein, selbst wenn man einen Partner an seiner Seite hat. Auch dieser kann einem da nicht groß helfen, dies ist zumindest meine Erfahrung.

Trotzdem gibt es für jeden einen Weg heraus, man muss ihn nur finden. Jeder hat einen anderen Weg, der für ihn der richtige ist. Es ist alles anstrengend und kostet viel Kraft. Meiner Meinung nach hat aber jeder diese Kraft in sich, auch wenn er es noch nicht weiß.

Wer in tiefer Trauer ist und fast nur Verzweiflung empfindet, kann kaum Gefühle wie Entspannung, Freude oder Glück empfinden. Allein die Vorstellung, so etwas jemals wieder entwickeln zu können, ist am Anfang undenkbar und bleibt auch später in den Trauermomenten sehr schwer.

Ich kann mich noch daran erinnern, dass ich nach Timos Tod lange keinerlei Freude mehr empfinden konnte. Eines Abends, es war schon dunkel, hatten wir uns mit Bekannten zum Essen verabredet. Ich hatte wie immer keine Lust und wollte nicht unter Menschen. Jürgen fuhr los, ich saß auf dem Beifahrersitz und schaute in die Nacht. Ich sah am Himmel den riesiggroßen, blutrot-gelb scheinenden Vollmond und dachte, wie schön der ist. Mir liefen die Tränen runter. Das war das erste mal nach Timos Tod, dass ich wieder etwas als positiv empfand und mich darüber freute, wie schön die Welt sein kann.

Es ist einfach traurig, dass man solch normale Dinge nicht mehr sehen kann in der Trauer. Aber ein banaler Mond hat mir damals gezeigt, dass auch ich wieder Freude empfinden kann, auch wenn im selben Moment wieder der Gedanke kam: Schade, dass es Timo nicht mehr sehen kann. Trotzdem habe ich versucht, aus diesem Moment das Positive rauszuziehen und mir selbst zu sagen: Schau du kannst dich wieder freuen!

Am besten, man beginnt mit kleinen Schritten, indem man mal eine Pause macht, ein Stück Schokolade isst oder einfach kleine Dinge macht, die Balsam für die Seele sind. Auch ein Schaumbad, Musik hören, spazieren gehen ... Das sind alles kleine Sachen, die mir geholfen haben, weiterzumachen.

Ich finde es wichtig, sich wenigstens einmal am Tag etwas Gutes zu tun, damit man sich einen Moment lang besser fühlt. Das gibt Kraft und man braucht in dieser Zeit so viel davon.

Da man in dieser Phase oft die schönen Dinge des Lebens nicht mehr sehen kann, was auch völlig normal ist, habe ich mich zum Beispiel jeden Abend hingesetzt und zwei Sachen aufgeschrieben, die an diesem Tag gut waren. Anfangs war es schwer, überhaupt etwas zu finden, aber später wurde es einfacher und seltsamerweise immer mehr. Daran hätte ich nie geglaubt. So habe ich mir immer vor Augen gehalten, dass es auch noch schöne Momente im Leben gibt.

Manche von euch denken sich vielleicht gerade: »Warum tut die sich das eigentlich an und begibt sich freiwillig immer wieder in die Situationen, die genau diese extreme Trauer wieder hochkommen lassen? Ist sie nicht froh, wenn es ihr endlich wieder ein bisschen besser geht?«

Das kann ich ganz einfach erklären: Es gibt Menschen, denen geht es viel schlechter als mir. Sogar so schlecht, dass sie sich das Leben nehmen möchten.

Für mich sind das nur noch kurze Trauermomente oder Phasen, die wieder vorübergehen. Sie dauern nicht die ganze Zeit an und gehören nun mal zu meinem Leben dazu. Ich habe sie angenommen und lasse sie zu, wenn sie kommen.

Ich hätte eher Angst, dass ich etwas verdränge, wenn ich schmerzhafte Situationen vermeide, und dass die Trauer dann mit voller Wucht zurückschlägt. Also konfrontiere ich mich lieber damit, dann halte ich es aus und weiß, dass es dem Verarbeitungsprozess hilft. Das habe ich so in meiner Therapie gelernt und für mich funktioniert es super. Ich möchte nicht, dass sich bei mir aus Angst vor der Trauer ein Vermeidungsverhalten manifestiert und ich mein Leben lang bestimmte Situationen vermeiden muss.

Wenn in der Psychologie von Vermeidungsverhalten die Rede ist, dann versteht man darunter ein Verhalten, das darauf ausgerichtet ist, belastende Gedanken, Gefühle oder Situationen zu vermeiden. Wir alle vermeiden, und das wahrscheinlich gleich mehrmals am Tag. Vermeidung kann zum Beispiel bedeuten, nicht ans Handy zu gehen, wenn wir befürchten, dass der Anrufer uns in ein längeres Gespräch verwickeln möchte. Oder die unangenehmen Aufgaben auf unserer To-do-Liste noch einen Tag länger stehen zu lassen. Oder den Vorsatz, mehr Sport zu machen, doch erst in der nächsten Woche anzugehen. Diese alltägliche Art der Vermeidung ist ganz normal und nicht weiter schlimm.

Problematisch wird es dann, wenn unser Vermeidungsverhalten uns zu sehr einschränkt und belastet. Wenn wir zum Beispiel wichtige Aufgaben nicht erledigt bekommen, weil wir sie immer weiter aufschieben. Oder wenn wir uns immer gestresster fühlen, weil wir das belastende Gefühl so lange vermeiden, bis es sich immer größer aufbaut und wir irgendwann gar nicht mehr damit umgehen können.

Vermeidungsverhalten spielt vor allem bei Ängsten, Depressionen und Burn-out eine entscheidende Rolle. Denn wir vermeiden in der Regel das, was uns Angst macht und belastet. Ein entscheidender Bestandteil der

Psychotherapie bei Angst ist daher, das Vermeidungsverhalten aufzubrechen und den Mut aufzubringen, sich der eigenen Angst zu stellen.

Ähnlich ist das bei Depressionen, denn Menschen mit Depressionen fühlen sich häufig überfordert und ziehen sich zunehmend zurück. Alltägliche Aufgaben scheinen unüberwindbar. Auch hier geht es darum, das Vermeidungsverhalten aufzubrechen und die scheinbar unüberwindbaren Aufgaben anzugehen.

Vermeidungsverhalten kann auch dazu führen, dass die jeweilige Erkrankung aufrechterhalten wird. Im Fall von Burn-out führt das Vermeiden von negativen Gedanken und Gefühlen zum Beispiel dazu, dass die betreffende Person die so wichtigen Anzeichen der Überlastung nicht wahrnimmt bzw. nicht ernst nimmt und sich dadurch immer weiter dem Stress aussetzt.

Ängste und Depressionen können sich verschlimmern, wenn wir den Angstauslösern aus dem Weg gehen. Durch unser Vermeidungsverhalten bestätigen wir uns sozusagen selbst. Aus der Vermeidung schließen wir, dass der Angstauslöser tatsächlich gefährlich ist und wir ihn aus gutem Grund vermieden haben. Das Problem dabei ist: Wir machen keine neuen Erfahrungen, die uns vom Gegenteil überzeugen. Wir lernen also nicht, dass der Angstauslöser gar nicht so gefährlich ist, wie wir zunächst angenommen haben.

Vermeidungsverhalten zu überwinden, klingt zunächst sehr simpel: Einfach nicht mehr vermeiden! Sich den eigenen Ängsten zu stellen, kann für Betroffene jedoch mitunter sehr schwierig sein, denn Vermeidung schützt uns schließlich zumindest kurzfristig vor unseren Angstauslösern. Wenn du es zum Beispiel vermeidest, einen Vortrag vor anderen Menschen zu halten, dann kannst du dich auch nicht ungeschickt anstellen und im schlimmsten Fall ausgelacht werden. Wenn du einen Konflikt vermeidest, kann dich das zumindest kurzfristig davor schützen, deine Beziehung zu gefährden. Trotz dieser Vorteile von Vermeidung ist es wichtig, dich deinen Angstauslösern zu stellen, denn nur so kannst du sie überwinden.

Zwei Schritte sind hierbei besonders wichtig: erkennen und bewältigen. Sobald du herausgefunden hast, warum und wie du vermeidest, gilt es, sich der eigenen Angst zu stellen. Das heißt: mutig sein! Denn nur wenn du dich traust, dich deiner Angst zu stellen, kannst du neue Erfahrungen machen. Diese neuen Erfahrungen ermöglichen es dir, eine neue Perspektive einzunehmen. So kannst du beispielsweise erkennen, dass du dazu in der Lage bist, belastende Gefühle auszuhalten oder aber, dass eine bestimmte Situation gar nicht so schlimm ist, wie du zuvor angenommen hast.

Mutig sein klingt so einfach, kann sich manchmal jedoch sehr schwierig anfühlen. Wenn du merkst, dass es dir alleine sehr schwerfällt, kann dir eine Psychotherapie helfen. Gib nicht auf, du schaffst das.

REFERAT ÜBER DARK WAY

Der Sohn einer Bekannten möchte in seiner Berufsschule ein Referat über *Dark Way* halten. Er fragt, ob ich bereit wäre, dazuzukommen. Klar bin ich das! Ich fürchte nur, dass die Schule das Thema Suizid nicht zulassen wird.

Aber es kommt anders: Ich werde tatsächlich eingeladen. Kaum bin ich da, bittet mich der Lehrer um ein Gespräch draußen vor der Türe. Er sagt, in der Klasse sei wohl ein Mädchen suizidal. Wenn er das vorher gewusst hätte, hätte er nicht zugestimmt, dass ich komme. Ich antworte ihm, dass er sich keine Sorgen machen soll.

Dann meint er, dass es zwei, drei Schülerinnen gibt, die den Unterricht immer stören und Tierlaute von sich geben. Ich könne ihnen dann einfach sagen, dass sie die Klappe halten sollen. Ich glaube nicht, dass die sich trauen, bei mir Tierlaute zu machen, aber das sage ich dem Lehrer lieber nicht. Er soll selbst sehen, was passiert. Ich weiß ja schon aus Erfahrung, wie sich Schüler bei dem Thema verhalten.

Wir gehen wieder rein und der Junge beginnt, von *Dark Way* zu erzählen. Keiner quatscht oder stört, alle hören ihm aufmerksam zu. Als er fertig ist, fragt er, ob ich gerne was dazu sagen mochte.

Ich stehe auf, gehe nach vorne und stelle mich vor. Ich sage, ich bin die Pam und wäre es okay für euch, wenn wir alle per du sind? Alle stimmen zu. Ich versuche immer, Jugendlichen auf Augenhöhe zu begegnen. Ich bringe ihnen Respekt entgegen, und in 99 Prozent der Fälle bekomme ich diesen Respekt auch wieder zurück.

Zuerst sage ich, dass Suizid natürlich ein heikles Thema ist, und wer es nicht aushalten kann oder sich getriggert fühlt, darf jederzeit das Klassenzimmer verlassen. Dann erzähle ich grob meine Geschichte, insbesondere, wie man sich als Eltern fühlt und was der Suizid eines Kindes mit einem macht. Ich erkläre, wie sich dadurch ein ganzes Leben verändert, und dann fangen zwei Mädchen an zu weinen.

Ich spreche sie direkt an, ob sie rausgehen möchten, aber sie sagen beide, dass sie hierbleiben wollen. Mir ist fast schon klar, dass eine der beiden das suizidale Mädchen sein muss, von dem der Lehrer gesprochen hat.

Danach spreche ich über psychische Erkrankungen und frage die Schüler, die fast alle zwischen 16 und 18 Jahre alt sind, ob sie wissen, was Symptome einer Depression sind. Keine Antwort.

Ich frage, was sie glauben, dass Symptome einer Depression wären. Es kommt dann von jemandem: »Niedergeschlagenheit.« Eine andere Schülerin sagt: »Traurigkeit.« Mehr kommt da nicht, und das zeigt mir wieder ganz deutlich, wie wichtig es ist, bei Jugendlichen darüber aufzuklären.

Wie erkennst du eine Depression?

Ich erkläre, dass das Hauptsymptom eine gedrückte, depressive Stimmung ist. Manche Betroffenen berichten auch von innerer Leere und der Unfähigkeit, eigene Gefühle (auch negative) wahrnehmen zu können. Sie fühlen sich wie versteinert. Sie verlieren das Interesse an Dingen, die für sie früher wichtig waren, zum Beispiel Hobbys. Auch der Beruf, Freizeitaktivitäten oder gemeinsame Unternehmungen mit der Familie oder Freunden machen ihnen keinen Spaß mehr. Menschen mit Depressionen können sich nur schwer zu etwas aufraffen. Selbst die Erledigung alltäglicher Dinge wie einkaufen, aufräumen oder arbeiten kann große Überwindung kosten. Auch Entscheidungen treffen fällt schwer. Das bringt wahrscheinlich noch jeder mehr oder weniger mit Depressionen zusammen.

Es gibt aber noch andere Symptome, die vielleicht nicht jeder kennt. Es ist so: In einer Depression erreicht die Umwelt den Erkrankten nicht mehr richtig, die Dinge sprechen ihn nicht an. Deshalb können vor allem ältere Betroffene sich oft nicht erinnern, was vor Kurzem passiert ist, und haben dann Sorge, Alzheimer oder Demenz zu haben.

An Depression erkrankte Menschen suchen die Schuld meist bei sich selbst, nicht bei Familienmitgliedern, Kollegen oder der Gesellschaft. Sie haben das Gefühl, die Fürsorge anderer gar nicht zu verdienen. Selbstwertgefühl und Selbstvertrauen sind fast immer beeinträchtigt. Auch Schlafstörungen, meist Einschlafstörungen und ein frühes Erwachen, sind typische Symptome. Bei einer Depression ist oft auch der Appetit verändert und das Essen schmeckt nicht mehr, was zu Gewichtsverlust führen kann. Aber auch das Gegenteil kann der Fall sein.

Betroffene leiden oft an einer starken inneren Unruhe. Sie können sich kaum entspannen, fühlen sich getrieben und gehen zum Beispiel ständig auf und ab. Auch das

Gegenteil kann auftreten und sie wirken zum Beispiel in ihrer Bewegung oder Sprache deutlich verlangsamt.

Depressionen sind meist von dem Gefühl begleitet, aus einer Situation nicht mehr herauszukommen. Betroffene sehen keinen Ausweg. Dann besteht häufig der Wunsch, der als aussichtslos empfundenen Situation irgendwie zu entkommen, bis hin zu dem Gedanken, sich etwas anzutun. Das muss nicht immer gleich Suizid sein, das kann auch selbstverletzendes Verhalten sein.

Ich sehe direkt an den Gesichtern, dass keinem der Anwesenden, nicht mal dem Lehrer, diese Symptome bewusst waren. Was mir auch noch sehr wichtig ist: Gerade junge Menschen mit Depressionen versuchen oft, sich mit Drogen zu betäuben, besonders mit Cannabis. »Bitte macht das nicht!«, sage ich. »Denn der Konsum von Rauschmitteln jeder Art kann eine Depression noch verstärken. Ihr tut euch nichts Gutes. Zudem kann es durch Drogen zu einer Psychose kommen. Drogen und Alkohol sind nicht hilfreich, wenn es euch schlecht geht. Im Gegenteil, eure Gefühle werden unter Umständen noch schlimmer.«

Danach trauen sich die Schüler endlich, Fragen zu stellen, wie zum Beispiel: »Wenn ich Symptome einer Depression bei jemandem bemerke, was kann ich dann tun, um zu helfen?«

Ich sage: »Akzeptiere die Depression als Erkrankung. Professionelle Hilfe ist das Wichtigste. Wie bei allen schweren Krankheiten solltest du so schnell wie möglich ärztlichen Rat einholen.« Das Problem dabei ist: Weil Hoffnungslosigkeit zur Depression gehört wie Schnupfen zur Grippe, glauben viele Betroffene nicht, dass ihnen überhaupt geholfen werden kann. Oder es fehlt ihnen aufgrund der Depression die Kraft, sich zu einem Arztbesuch aufzuraffen. Deshalb erkläre ich: »Sollte der Betroffene zunächst Hilfsangebote ablehnen, signalisiere ihm, dass du für ihn da bist. Gib nicht nach dem ersten Versuch auf. Wiederhole deine Sorge und biete deine Hilfe immer mal wieder an. Manchmal braucht es etwas, bis jemand sich traut.« Dabei muss man einen möglichen Verdacht auf Depression nicht gleich sagen. Sowas wie: Es geht dir nicht gut, ich mache mir Sorgen, lass dich doch mal durchchecken, ich begleite dich, wenn Du möchtest gerne – kann den ersten Schritt erleichtern.

Vielleicht hilft es auch, dem Betroffenen die Entscheidung abzunehmen und einfach einen Arzttermin zu vereinbaren. Um zu entscheiden, ob das der richtige Weg ist, sollte man denjenigen aber sehr gut kennen, denn manche können sich dadurch auch abwenden. Man kann sogar versuchen, ihn kurzfristig abzuholen und zu begleiten, ohne dass er lange Zeit für Bedenken und depressionsbedingte negative Gedanken hat, dass ihm sowieso nicht geholfen werden kann.

Der Betroffene will einfach nicht zum Arzt? »Dann besorge dir Informationen zur Erkrankung, die ihm helfen können zu verstehen, dass eine Behandlung wichtig und hilfreich ist«, schlage ich vor. »Du kannst ihm auch Online-Foren zum Thema Depression zeigen.« Dort findet man Erfahrungsberichten anderer Menschen mit Depression und hat die Möglichkeit, sich anonym auszutauschen. Manchmal kann es überzeugender sein, wenn ein Mensch, der ebenfalls an Depressionen erkrankt ist oder war, berichtet, dass eine Behandlung gut geholfen hat.

Der Weg in die professionelle Behandlung kann etwas Zeit und Geduld erfordern. Sollte der Betroffene aber lebensmüde Gedanken äußern, ist es wichtig, schnell zu reagieren. Denn sonst kann ein Suizid passieren. Dann bleibt meist nur der Weg in die Notaufnahme oder du rufst die 112. Lässt sich die Person darauf nicht ein, muss normalerweise die Polizei gerufen werden, die bei gravierender Eigengefährdung oder Fremdgefährdung erst mal die Einweisung gegen den Willen veranlasst. »Da dies kein schönes Vorgehen ist, bitte ich euch, gebt nicht auf und versucht, egal wie, den Betroffenen dazu zu bringen, freiwillig in eine Klinik zu gehen«, sage ich. Ein wichtiger Punkt dabei ist: Wer freiwillig in eine Klinik geht, kann auch wieder nach Hause gehen, wenn er möchte. Das ist bei einer Zwangseinweisung nicht so.

Für Angehörige depressiv erkrankter Menschen bietet die AOK mit dem Programm »Familiencoach Depression« in Videos, Texten und Bildern übrigens Unterstützung speziell für Angehörige. (www.aok.de)

Es kommen noch ein paar Fragen, wie zum Beispiel, wie es mir heute geht und warum ich das alles mache. Sie haben etwas Vertrauen gefasst. Zum Schluss sage ich, wenn mich jemand noch etwas unter vier Augen fragen möchte, warte ich draußen.

Zuerst geht der Lehrer mit raus und sagt, dass er die Veranstaltung richtig gut fand und dass sie ja gar nicht so viel mit Suizid zu tun hatte. Er war fasziniert davon, wie ruhig und interessiert seine Schüler waren. Ich denke mir nur: Hätte ich Dir von Anfang an sagen können. Ich hoffe, dass er auch den anderen Lehrern erzählt, wie super das war.

Danach kommen noch ein paar Schüler und fragen mich direkt nach Hilfe. Ich gebe ihnen Telefonnummern und Adressen. Schließlich wollen noch ein paar signierte Bücher haben.

Als ich nach Hause fahre, denke ich: Scheißegal, dass ich das Studio heute geschlossen habe. Dieses Gefühl, das die Schüler mir zurückgegeben haben, kann kein Geld der Welt mir geben. Obwohl ich echt platt bin, würde ich das gern viel öfter machen. Ich würde am liebsten quer durch die ganze Republik fahren und in jeder Schule über psychische Erkrankungen aufklären.

Aber leider machen viele Schulen bei dem Thema Suizid die Schotten dicht. Es macht mich traurig, dass immer noch so viele Türen verschlossen sind und es wohl erst einmal auch bleiben. Nur zwei Schulen haben bisher zugelassen, dass ich zu ihnen komme. Und die Reaktionen der Schüler und auch der Lehrer waren überwältigend.

ARBEIT ALS ERHOLUNG?

Corona kommt. Ich muss mein Studio schließen. Anfangs denke ich noch: Na, das sitzt du aus, du hast ja was auf der hohen Kante. Als ich aber in den Medien mitbekomme, was abgeht, frage ich mich: Oh weh, ob ich das durchhalte? Existenzängste kommen hoch. Und ich habe Sorge, dass ich wieder in ein Loch falle, wenn mir die Arbeit wegbricht, mit der ich mich so gut von meiner Trauer ablenken kann.

Mir persönlich hilft nämlich meine Arbeit am meisten bei der Trauerbewältigung. Es gibt aber auch viele Betroffene, die sich scheuen, nach einem so schlimmen Erlebnis wieder arbeiten zu gehen. Oder sie können es schlichtweg nicht. Manchmal, weil sie Angst vor den Reaktionen der anderen haben, einfach keine Kraft oder weil die Konzentrationsfähigkeit weg ist. Das ist übrigens völlig normal und muss niemandem Angst machen, auch das wird besser werden. Es braucht aber Zeit.

Egal, ob Kunden oder Arbeitskollegen, die Menschen reagieren oft sehr unterschiedlich. Ich kann nur sagen: Scheut euch nicht, probiert es aus. Nach Hause gehen könnt ihr immer noch, wenn es euch zu viel wird.

Meine Erfahrung ist, dass die Menschen in meinem Umfeld in der Regel sehr rücksichtsvoll reagieren. Natürlich gibt es Ausnahmen, jedoch kenne ich die nur aus den Erzählungen von anderen Hinterbliebenen. Mir selbst ist in der Arbeit nie eine blöde Reaktion begegnet. Sollte es aber so kommen, versucht einfach, drüberzustehen und zu denken: Der lebt auch zum ersten Mal und muss deshalb noch viel lernen.

Für mich ist die Arbeit eine richtige Erholung von der Trauer. Ich muss mich auf etwas anderes konzentrieren und es bleibt wenig Zeit zum Nachdenken.

Übrigens heißt es Trauerarbeit, weil Trauern wie ein harter Acht-Stunden-Job ist. Dazu kommt noch, dass die Trauernden oft normal zur Arbeit gehen, also sind es dann eigentlich zwei Jobs, die man ausübt, und das ist sehr anstrengend, nicht nur psychisch, sondern auch körperlich. Nun sind der Körper und die Psyche schon völlig ausgelaugt von der Doppelbelastung, dann kommt noch der normale Alltag dazu, wie Haushalt, Termine usw. Es ist alles zu viel. Das erklärt auch, warum Trauernde so dünnhäutig und auch vergesslich werden. Sie sind einfach nicht noch mehr belastbar.

Mit diesem Blickwinkel versteht ein Außenstehender vielleicht besser, wie schwer Trauer zu bewältigen ist. Bei einem Suizid finde ich persönlich es fast noch schlimmer, da noch die extremen Selbstvorwürfe und das Verhalten der Gesellschaft dazukommen. Das macht es auf jeden Fall nicht einfacher.

Mir hat Arbeit jedenfalls immer geholfen, aber jetzt im Lockdown bricht sie komplett weg, ich muss mir was einfallen lassen. Also arbeite ich den ganzen Tag wie eine Irre an meinem Onlinehandel, damit ich wenigstens meine Fixkosten abdecken kann. Menschen die gebrauchten Sachen loshaben wollen, bringen sie zu mir. Ich stelle sie ins Internet zum Verkauf und bin prozentual am Erlös beteiligt. Das tut mir gut, da ich ständig beschäftigt bin und mir wenig Zeit bleibt, um mir Gedanken zu machen.

Kurz darauf stirbt die Nachbarin meiner Mutter sehr unerwartet. Sigrid war wie ein Oma-Ersatz für mich und ich bin einfach nur traurig. Ihre Schwester bittet mich, die Haushaltsauflösung zu übernehmen, was mir gelegen kommt, um mich über Wasser zu halten. Bevor ich in die Wohnung gehe, sagt meine Mutter: »Schau in den Wohn-zimmerschrank, da hat Sigrid für dich und Jürgen was hinterlassen.«

Als ich reingehe, ist das nicht so einfach für mich. Wenn man bei jemand Fremdem die Wohnung ausräumen muss, ist einem das eigentlich egal, da man keinen Bezug zu der Person hat. Aber hier ist es doch etwas anderes. Ich will das so würdevoll wie möglich machen.

Ich denke beim Ausräumen viel an Timo, weil er Sigrid auch sehr, sehr gerne mochte. Wenn er am Wochenende bei Omi war, ging er immer zum Frühstücken zu Sigrid und sie machte ihm ein Bauernfrühstück. Er liebte das und schwärmte davon, dass er bei ihr das beste Früh-stück ever bekommt.

Ich muss nicht weinen, aber ich denke viel über Sigrid nach. Ich stelle oft fest, dass ich für manche Sachen keine Tränen mehr übrig habe. Da habe ich wohl die meisten schon bei Timo verbraucht. Ich denke daran, wie ich sein Zimmer ausräumen musste. Das war natürlich tausend-mal schlimmer, jedoch musste ich seine Sachen nicht her-geben. Ich habe alles aussortiert, was wichtig war und was nicht. Am Ende blieb ein großer Umzugskarton mit seinen Sachen übrig. Ich dachte: Schau an, dein Leben passt in eine Kiste.

Immer wieder setzte ich mich auf sein Bett und schaute mir die Sachen an und mir fiel wieder irgendwas ein, bei dem ich schmunzeln musste. Manchmal hatte ich das Gefühl, dass er mir so die Kraft gegeben hat, damit ich das alles überstehe.

Schließlich schaue ich in Sigrids Wohnzimmerschrank und glaube es kaum: Da liegen für Jürgen und mich je 25 Paar selbst gestrickte Socken. Wir haben Sigrids Socken geliebt und sie hat uns immer neue geschenkt. Sie ist völlig verrückt, denke ich liebevoll. Und ich kenne keinen Menschen, der nun so viele selbst gestrickte Socken im Schrank hat wie wir beide.

Ansonsten schotte ich mich in der Coronazeit wegen meiner Lunge total ab, gehe nirgends hin und treffe mich mit niemandem. Auch Jürgen geht nur zur Arbeit und so selten wie möglich zum Einkaufen.

Ich frage mich, wie lange ich das noch aushalten kann. Ich bin sehr gesellig und brauche meine Kunden im Geschäft, die ich immer um mich herum habe. Aber erstaunlicherweise geht es mir richtig gut. Ich merke auf einmal, wie ich runterfahre, und das ist tatsächlich angenehm. Was ich nicht gedacht hätte ist, dass keine Trauer hochkommt, auch wenn ich komplett abschalte.

Ich denke nur manchmal, dass diese Coronazeit Timo den Rest gegeben hätte. Diese Isolation, diese teilweise ungerechten Entscheidungen des Staates und auch die vielen Toten, das hätte sein sensibler Charakter nicht gepackt. Er hätte sich vermutlich spätestens jetzt das Leben genommen, wenn er weiterhin nichts von seinen Depressionen gesagt hätte.

TIMOS PLATZ BEI UNS

Timos Wohnung oben im Haus ist noch nicht ausgebaut. Sie sollte eigentlich mal für ihn sein und ich wollte sie schon zu seinen Lebzeiten herrichten. Jürgen meinte damals, wir sollten das lieber nicht machen. Nicht, dass sie Timo sonst nicht gefallen würde. Aber jetzt, im Lockdown, ist der richtige Zeitpunkt, das anzupacken.

Wir kommen gut voran, alles wird groß und hell. Wände streichen, Böden verlegen, Decken einziehen, Balken schleifen, verputzen, Leitungen vorverlegen... Ich habe so viel Freude an der Renovierung, auch wenn es viel Arbeit ist. Ich bin voll in meinem Element und kann sogar wieder einen Ort für Timo einrichten. Ich brauche das nicht unbedingt, bin aber glücklich darüber, dass ich den Platz dafür habe. Und ich glaube, dass ihm das genauso gefallen würde. Sowas treibt natürlich an.

Ich halte dort oben alles hell und weiß, mit grünen Dekoelementen. Ich denke immer wieder: Irgendwo muss ein grüner Streifen an die Wand, weil es noch so kahl aussieht, aber mir kommt keine Idee, wohin. Ich drehe mich um und schaue Richtung Treppe, da scheint die Sonne so rein, dass ein breiter Streifen an der Wand hell erleuchtet ist. Ich sage mit einem Lächeln im Gesicht: »Danke Timo, jetzt weiß ich wo.«

So ist das oft. Wenn ich nicht weiter weiß, und wenn es auch noch so belanglose Sachen sind, kommt von irgendwoher ein Lichtschein von Timo. Zumindest fühlt es sich so an. Ob das wirklich so ist, oder nur Zufall, weiß ich natürlich nicht. Das ist aber auch völlig egal, denn es fühlt sich einfach gut an und kann in schweren Momenten hilfreich sein, ob Wahrheit oder nicht.

Eine Ecke im Flur ist noch ein toter Platz. Irgendwann kommt Tassilo zufällig hoch und sagt im Spaß: »Da würde gut eine Shisha-Lounge reinpassen.« Coole Idee, denke ich, das würde Timo auch gefallen.

Für die Ecke brauche ich fast zwei Wochen. Ich male eine riesige Shisha mit Dutzenden feinen Linien an die Wand und setze einen riesen Schriftzug *Shisha-Lounge* dazu. Als die Lounge fertig ist, schreibe ich Tassilo, ob ich mir seine Shisha ausleihen darf, fotografiere sie in der Lounge und stelle das Foto in meinen Status.

Als Tassilo von der Arbeit nach Hause kommt, lacht er und sagt: »Hast du da jetzt allen Ernstes eine Shisha-Lounge gebaut?« Ich sage: »Ja klar, das musst du doch die letzten zwei Wochen gesehen haben.« Er sagt, er hat dort einfach nicht hingeschaut. Es ist eine wirklich witzige Situation und wir lachen heute noch drüber, dass er zwei Wochen daran vorbeigerannt ist, obwohl die Ecke direkt gegenüber der Treppe ist.

Ein Raum wird zum Gästezimmer, in dem auch Timos Möbel und Dinge stehen, die ihm wichtig waren, wie zum Beispiel sein Boxsack oder ein mitgenommener Straßenpfosten. Seine anderen Sachen liegen alle im Schrank, auch der Plastiksack, in dem seine Bettwäsche ist. Die habe ich bis heute nie gewaschen und wenn ich das Gummiband öffne und meine Nase reinstecke, ist sein Geruch immer noch da drin.

Oft bekommen wir in der Selbsthilfegruppe von *AGUS* kleine Sachen, wie z.B. eine Postkarte mit einem bestimmten Gedanken darauf, Steine, Blumen oder einen Strohhalm, an dem man sich festhalten kann. Diese Dinge lege ich auch in Timos Zimmer auf das Sideboard.

Es ist schön, dass er seinen Platz im Haus behalten hat. Hätte ich den Platz nicht, würde ich seine Sachen zumindest in einem Karton aufbewahren, aber so ist es natürlich viel schöner.

Ich bin heute nicht mehr sehr oft da oben, aber ich weiß: Wenn ich will, kann ich zu ihm hochgehen. Mit der Bettwäsche ist es ähnlich. Ich hatte seit Jahren die Nase nicht mehr reingesteckt, aber jetzt, als ich dieses Buch schreibe, habe ich es wieder getestet, damit ich keinen Quatsch schreibe. Seltsamerweise riecht die ganze Wohnung oben nach ihm. Vielleicht ist es nur Einbildung, aber selbst wenn, ist es mir auch egal. Ich fühle mich einfach wohl damit. Timo wird hier immer einen Platz haben, und das ist das Wichtigste für mich.

Verstorbene loslassen?

Auch sonst ist Timo immer bei uns. Mich nervt oft der Satz von Außenstehenden: »Du musst loslassen.« Das wird mir immer und immer wieder gesagt. Vielleicht mag das für manche gelten, aber ich sehe das ganz anders. Warum sollte ich etwas loslassen, was ich liebe? Timos Körper ist weg, das ist klar. Aber meinen Sohn innerlich ständig bei mir zu haben, ist für mich nicht loslassen. Für mich ist das Integration.

Zum Glück gibt es mittlerweile Smartphones. Ich denke oft darüber nach, wie schlimm Trauer früher gewesen sein muss, als es nur Fotos gab, die irgendwann verblasst sind. Eine Freundin sagte mal zu mir, sie wüsste nicht mehr, wie sich ihr Papa angehört oder wie er sich bewegt hat. Sie hatte nur ein einziges und schon sehr altes Foto. Heute hat man Sprachnachrichten und Videos von Verstorbenen, die man sich immer wieder mal anhören oder anschauen kann. Für mich ist es sehr wichtig, diese Aufnahmen von Timo zu haben. So werde ich niemals vergessen, wie sich seine Stimme angehört hat. Anfangs hörte ich die Sprachnachrichten rauf und runter an. Heute mache ich das fast gar nicht mehr. Trotzdem ist es schön, sie zu haben, denn ich kann sie anhören, wenn ich will.

Tassilo wollte mich vor ungefähr zehn Jahren mal ärgern und hat mir gefühlt 500 Mal eine Sprachnachricht geschickt, in der er einfach nur den Namen Gitte ins Telefon brüllte. Ich dachte: Na warte! Ich setzte mich an den PC und wandelte eine der Sprachnachrichten als Klingelton um. Da ich technisch nicht so begabt bin, brauchte ich dafür drei Stunden. Aber ich habe es geschafft, und bis heute schreit Tassilo jedes Mal, wenn eine WhatsApp oder E-Mail kommt: »Gitte!«. Jeder, der mich kennt, kennt auch diesen Klingelton, sogar meine Professoren, weil ich manchmal vergesse, für die Sitzungen das Handy auszuschalten.

Auch Timo hat mir mal eine Nachricht geschickt, in der er nur sagte: »Mit Glitzersteinchen.« Einfach süß. Ich hätte sie auch gern als Klingelton gehabt, ließ es aber bleiben, weil Jürgen und Tassilo vielleicht nicht damit klargekommen wären. Die Situation war für alle schon schwer genug und ich wollte nichts provozieren. Ich habe mir die Nachricht einfach so immer mal wieder angehört.

Für Jürgen und mich ist Timo immer bei uns. Wir lachen mit ihm, weinen mit ihm, schimpfen sogar mit ihm. Wenn zum Beispiel in der Küche was runterfällt, geht der Blick nach oben und wir sagen: »He, Freund, willst du uns ärgern?«

Auch wenn wir auf Konzerte gehen, ist er imaginär immer dabei. Wir bringen meist einen Becher oder ein anderes Mitbringsel mit nach Hause, das dann zu Timo ins Zimmer wandert. Und wir markieren ihn bis heute auf Facebook, wenn wir irgendwo sind. Er fühlt sich so nahe an, wenn ich so bewusst an ihn denke.

Im Alltag denke ich nicht mehr so viel an Timo, und das ist auch gut so. Aber wenn ich mal wieder dusslig bin und mir irgendwas passiert, dann höre ich Timo in meinem Kopf lachen und weiß genau, wie er mich damit aufgezogen hätte. Er war sehr humorvoll, lustig und sarkastisch. Wir benutzen manchmal seine nervigen Sätze, um uns gegenseitig aufzuziehen. Wenn zum Beispiel einer von uns mal was nicht wusste, hat unser kleiner Klugscheißer immer gesagt: »Soll ich Dir das mal physikalisch erklären?« Oder, wir sagen im Dialekt: »Das ist wie ...« Timo korrigierte uns da ständig: »Das ist als ...« Früher konnten wir das oft nicht mehr hören, weil es wirklich nervte, aber heute sagen wir es oft selber.

Auch wenn ich abends in den Himmel schaue und die Sterne sehe, denke ich an Timo, wie er mir jetzt mit seiner Handy-App genau erklären würde, wo sich gerade welcher Stern befindet. Ich denke mit so viel Freude an ihn zurück, hab ihn ganz fest im Herzen und bei mir. Ich kann so viel mit ihm lachen und dafür bin ich dankbar.

ES DARF MIR WIEDER GUT GEHEN

Endlich ist dieser scheiß Lockdown vorbei und ich kann wieder arbeiten. Ich bin so erleichtert, denn ich liebe meinen Job. Das liegt auch daran, dass immer wieder fremde Menschen zu mir ins Studio kommen, nicht weil sie ein Piercing oder ein Tattoo wollen, sondern weil sie jemanden brauchen, der ihnen zuhört. Sie sagen oft, dass sie *Dark Way* gelesen haben und deshalb um meine Einstellung zum Thema Depression und psychische Erkrankungen wissen. Sie fühlen sich ernst genommen, haben keine Angst vor Wertung oder Unverständnis, deshalb kommen sie und erzählen mir ihre Geschichten.

Ich versuche ihnen immer das Gefühl zu vermitteln, dass sie keine Angst davor haben müssen, sich zu öffnen. Das ist in meinen Augen auch eins der wichtigsten Dinge im Umgang mit dem Thema. Wenn psychische Krankheiten irgendwann einmal von der Gesellschaft als normal erkannt werden, dann wird sie niemand mehr belächeln.

Es entstehen immer wieder Gespräche, die auch mir weiterhelfen und mich dazulernen lassen. Es ist wichtig, manche Dinge aus anderen Perspektiven zu betrachten, und mal um die Ecke zu denken. Gerade psychische Erkrankungen sind so facettenreich und unterschiedlich wie die Menschen selbst.

In meinem Beruf habe ich mit den verschiedensten Leuten zu tun, vom Punk bis zum Rechtsanwalt, vom sechsjährigen Kind, das sich Ohrlöcher stechen lässt, bis zur über Achtzigjährigen.

Eines Tages kommt eine 82-jährige Frau, die ihre Urenkelin zum Piercen begleitet. Sie quetscht mich aus, ob das Piercen nicht sehr schmerzhaft sei. Ich nehme ihr wohl mit meinen Erklärungen die Angst, denn sie kommt die Woche drauf wieder. Diesmal begleitet die Urenkelin sie, denn sie will sich Ohrringe stechen lassen. Sie hält dabei die Hand ihrer Urenkelin und ich merke, dass sie furchtbare Angst hat. Als ich fertig bin, sagte sie: »War das jetzt alles?« Dann erzählt sie, dass sie sich seit 60 Jahren überlegt, Ohrringe stechen zu lassen, sich aber nie getraut hat. Wenn sie gewusst hätte, dass es gar nicht schlimm ist, wäre sie viel früher gekommen. Zu ihrer Urenkelin sagt sie dann noch: »Das sagen wir nicht deiner Mama, die soll das selber sehen.« Mittlerweile war sie schon oft da und hat sich Piercings und sogar Tattoos machen lassen.

Der Kontakt mit Menschen ist genau das, was mir an meinem Job so viel Spaß macht. Meine Kunden erzählen mir viel, ähnlich wie bei einem Friseur, teilweise ist man wie ein Psychotherapeut, der einfach nur zuhört.

Die Tattoo-Convention in Landsberg steht vor der Tür. Eigentlich mag ich keine Conventions, da wir extrem viel Arbeit damit haben. Alles ins Auto laden und danach wieder ausladen, Stand aufbauen usw. Aber es ist für uns nun mal die beste Werbung, da unser Tätowierer Rasto auf Conventions nur Bilder macht, die er in die Contest-Kategorien schickt. Er hat bisher auf jeder Convention Preise und Pokale nach Hause geholt. Die vielen Menschen sind sehr ungewohnt nach dem Lockdown, aber auch dieses Jahr sahnt Rasto wieder ab, es lohnt sich.

Seit dem Lockdown muss ich extrem viele Aufträge nacharbeiten. Nach der Arbeit versuche ich immer, was im Garten zu machen. Egal, ob ich ein wenig Erde hier auffüllte oder da etwas neu pflanzte. Am meisten liebe ich meine Rosen. Mittlerweile sind es so viele und sie sind so riesig, teils über zwei Meter hoch, dass ich täglich was zu tun habe. Was gibt es Schöneres, als sich im Garten um seine Pflanzen zu kümmern?

Meine Oma sagte immer: »Mach das Alte, Verblühte weg, das nimmt den Pflanzen nur unnötig die Kraft. Du wirst sehen, es kommen schnell neue Blüten.« Wenn ich im Garten die Rosen bearbeite, fällt mir der Satz meiner Oma oft ein und ich denke mir jedes Mal: Eigentlich ist das mit allem so. Du musst die alten Lasten abwerfen, damit du wieder Kraft hast, nach vorn zu gehen. Wie recht sie hatte.

Ich will nicht mehr nur traurig über Timo und seinen Suizid denken. Ich verstehe ja mittlerweile, warum er es getan hat. Meine Wut habe ich längst an ihn rausgebrüllt. Geweint habe ich auch genug. Ich habe also alle normalen Phasen der Trauer durchlaufen und muss jetzt nach vorne gehen. Wenn ich das gerade selbst noch mal lese, drückt es mir die Tränen in die Augen. Nicht unbedingt aus reiner Traurigkeit, weil Timo nicht mehr da ist. Das schon auch, aber überwiegend sind es glückliche Tränen, weil ich so dankbar bin, dass ich einen so tollen und lustigen Sohn 17 Jahre lang an meiner Seite haben durfte.

Übrigens sind viele Menschen geschockt, wenn man erzählt, dass man wütend auf den Verstorbenen ist. Es ist aber normal und meiner Meinung nach braucht man diese Phase, um Frieden zu finden. Diese Wut bleibt ja nicht ständig bestehen, sondern vergeht wieder. Es wird auch in mehreren Fachbüchern beschrieben, wie wichtig diese Phase ist. Man muss sich nur Gedanken machen, wenn man auf Ewigkeit wütend bleibt, denn das ist für einen selbst dann nicht mehr gesund.

Die Trauerphasen sind übrigens das Nichtwahrhabenwollen, der Zorn, das Verhandeln mit Gedanken (Z.B. Wie kann ich es wieder gut machen?), dann kommt die Depression und schließlich die Akzeptanz.

Die Autorin und Psychiaterin Elisabeth Kübler-Ross beschreibt sieben Phasen der Trauer, die meiner Erfahrung nach alle stimmen. Das sind: Schock, Ablehnung, rationale Akzeptanz, emotionale Akzeptanz, Lernen, Erkenntnis, Integration. Jedoch kamen diese bei mir nicht nacheinander, wie sie es beschreibt, sondern völlig durcheinander. Was mir bei beiden Schemata fehlt, ist die Wut, auch diese ist ein normaler Bestandteil von Trauer.

Mit Tassilo im Drifter

Ich versuche, Sachen zu machen, die mir Freude bereiten, aber mich nicht außer Atem bringen. Mit meiner Lunge kann ich vieles nicht mehr so gut machen. Reiten geht zum Beispiel gar nicht mehr, da ich das Pferd nicht mal mehr putzen kann, ohne außer Atem zu geraten. Was aber geht, ist Auto- und Motorradfahren.

Es gibt so viele Dinge im Leben, die schön sind, und daran halte ich fest und mache sie einfach. Mir doch egal, was andere sagen. »Dein Auto braucht so viel Sprit, denk doch an die Umwelt.« Soll ich deswegen eine meiner größten Freuden am Leben aufgeben? Es ist mein Leben und ich muss es so gestalten, dass ich da gut durchkomme. Fertig. Außerdem fliege ich dafür fast nie in den Urlaub, dann gleicht es sich wieder aus.

Ein ganz besonderes Erlebnis ist zum Beispiel das Drift-Rennen von Tassilo. Da er noch keinen Hänger-Führerschein hat, fragt er Jürgen, ob er mit ihm am Donnerstag auf die Rennstrecke fahren kann, da diese fünfhundert Kilometer entfernt ist. Klar macht Jürgen das, einzige Bedingung: Der Grill muss mit. Mit dem versorgt er das ganze Fahrerlager und die Jungs sind happy.

Ich komme am Samstag nach, endlich kann ich mir mal live anschauen, wie gut Tassilo mittlerweile fährt. Ich kenne seine Rennen bisher nur von Videoaufnahmen. Er fährt so krass, fast immer beim Chasen mit nur Zentimetern Abstand zum Leader und sehr sauber in die vorgegebenen Linien. Ein anderer Drift-Fahrer hat über ihn gesagt: »Er fährt, als würde es kein Morgen geben, und er hat ständig das Messer zwischen den Zähnen.«

Sein Drifter heißt Miezi, weil das Auto, als er es bekam, eine Glückskatze auf dem Dach hatte, die immer winkte. Deshalb hatten seine Drift-Kollegen den Wagen so genannt. Meine Katze heißt genauso, ich habe Tassilo daher eine Magnetplatte mit dem Foto unserer Miezi geschenkt, und die thront seither bei jeder Fahrt als Glückskatze auf der Motorhaube.

Als ich ankomme, rennt Jürgen gleich auf mich zu und meint: »Du musst mit Tassilo mitfahren.«

Ich sofort: »Auf gar keinen Fall!« Ich habe keine Angst vor dem Querfahren oder dass etwas passieren könnte. Die Drifter sind ziemlich safe und Tassilo weiß genau, was er tut. Mein Problem ist die schnelle Beschleunigung, die er ja anfangs braucht, um das Auto querzuschmeißen.

Ich mag das nur, wenn ich selbst am Steuer sitze. Wenn ich als Beifahrer mitfahre, hebt es mir den Magen wie in der Achterbahn oder im freien Fall. Dieses Gefühl packe ich nicht. Ich würde nicht mal in den Musikexpress einsteigen.

Jürgen sagt: »Das kannst du nicht bringen, Tassilo freut sich so sehr, dass du da bist, und hat schon allen erzählt, dass du kommst. Er hofft so, dass du mitfährst.«

Also, was tut man nicht alles, um sein Kind glücklich zu machen? Ich setze den Helm auf und steige todesmutig zu Tassilo ins Auto. Er strahlt übers ganze Gesicht. Ich schnalle die Hosenträgergurte fest, knalle die Tür zu und sterbe jetzt schon innerlich. Ich sage: »Du musst aber nicht sooo schnell beschleunigen, sei gnädig mit mir. Und nach einer Runde lässt du mich raus.«

Er fährt mit mir zum Start, da geht es noch mit der Beschleunigung. Man kann sich gar nicht vorstellen, wie laut es in so einem Drifter ist. In diesem Auto ist nichts mehr drin, außer einem Käfig und zwei Sitzen. Überall klappert und scheppert es.

Am Start spricht er sich mit einem anderen Fahrer auf eine Tandemfahrt ab. Das bedeutet, dass sie zu zweit nebeneinander fahren. Mir ist sofort klar: Dann kann er mich gar nicht nach der ersten Runde rauslassen!

Es geht los, vor der ersten Kurve beschleunigte er bis an die Drehzahlgrenze. Boah, ich habe das Gefühl, ich muss sterben. Dann wirft er den Drifter in der ersten Kurve quer. Jetzt geht es wieder, puh. Man muss sich aber vorstellen, dass die Drifter auf dieser Strecke mit ca. 50 bis 60 km / h quer fahren. Das hört sich wenig an, aber fahrt mal mit 50 km / h quer durch einen normalen Kreisverkehr ...

Sobald Tassilo quer fährt, ist für mich das Schlimmste überstanden. Das macht richtig Spaß und ich habe auch vollstes Vertrauen in ihn. Wenn einer so eine Karre unter Kontrolle hat, dann er. Es geht in Runde zwei! Wieder die Beschleunigung, diesmal ist sie aber nicht mehr ganz so schlimm. Daher gibt es noch eine dritte Runde und eine vierte, bis der Reifen platzt.

Bin ich froh, dass ich das überstanden habe. Die Schlaufe an der Tür, an der ich mich die ganze Zeit festgehalten habe, ist sogar noch dran. Tassilo ist jedenfalls alles andere als gnädig mit mir gewesen, der Fratz!

Ich bin sehr stolz auf ihn, wie gut er fährt und dass er seinen Sport so durchzieht. Zum Dank hat er mir ein komplettes Youtube-Video gewidmet, in dem er stolz zeigt, wie seine Mutter im Drifter mitfährt. Das freut mich total.

Ich bin so dankbar, dass ich noch einen Sohn habe. Oft denke ich, dass es das Schlimmste wäre, wenn ich ihn auch noch verlieren würde. Und dann fallen mir die Angehörigen ein, die nur ein Kind hatten und nun gar keines mehr haben. Es muss furchtbar sein, sein einziges Kind zu verlieren. Mit Tassilo gab es für mich immer eine Aufgabe oder jemanden, an dem ich mich festhalten oder psychisch hochziehen konnte, wenn es mir nicht gut ging. Ich kann und möchte mir nicht vorstellen, wie schlimm es gewesen wäre, wenn ich ihn nicht gehabt hätte. Nach Timos Tod war es mir wichtiger den je, mit ihm ein tolles Verhältnis zu haben. Er hat auch einen riesigen Anteil daran, dass ich wieder glücklich geworden bin.

Ich merke immer wieder, dass ich an den Punkt komme, wo ich mir selbst sagen kann: »Es darf mir wieder gut gehen!« Oft lese ich, dass andere Hinterbliebene glauben, ihnen dürfe es nicht mehr gut gehen, weil sie ihr Kind verloren haben. Das sehe ich anders, denn das Letzte, was mein Kind wollte ist, dass ich leide. Deshalb muss ich aufstehen und weiterleben, und mittlerweile möchte ich das auch wieder. Seit das Kortison endgültig abgesetzt wurde, habe ich keinerlei Stimmungsschwankungen und depressive Phasen mehr. Mir geht es richtig gut.

Traurig bin ich natürlich schon öfter, das steht mir auch zu. Manchmal kann ich aber auch gar nicht mehr weinen. Wenn ich das Gefühl habe, dass es mich drückt, aber dass ich nicht weinen kann, höre ich einfach ein Lied, das ich mit Timo verbinde, und denke ganz fest an ihn. Das mache ich so lange, bis endlich Tränen laufen. Das fühlt sich befreiend an, wie wenn einem wieder ein riesiger Felsbrocken vom Herzen fällt.

Den Tod seines Kindes überwindet man niemals, und natürlich wird auch immer ein Teil von einem selbst fehlen. Aber es wird leichter und anders, man muss es nur zulassen. Und uns Hinterbliebenen darf es auch, verdammt noch mal, wieder gut gehen! Klar kommt die Trauer immer mal wieder in Wellen, aber die Phasen ziehen sich raus und die Abstände werden größer.

ABSCHIED VON JAYSE

Ich werde noch wahnsinnig. Mein Auto wird wieder angefahren und mein Hund Jayse bekommt gesundheitliche Probleme, was mich sehr belastet. Ich versuche es auch mal wieder mit einer Raucherhypnose, aber diesmal hält sie keine vierundzwanzig Stunden. Ich kann mich da selbst nicht verstehen. Ich bin normalerweise so willensstark und ziehe alles durch. Aber in Sachen Rauchen bin ich echt ein Loser. Das nervt mich richtig, vor allem, weil meine Lunge eh zum Teil kaputt ist. Ich versuche, mich immer wieder selbst zu motivieren, indem ich mir aufschreibe, wie lange ich ohne Zigarette ausgehalten habe. Eigentlich lächerlich. Und es bringt auch gar nichts.

Und dann auch noch das: An Himmelfahrt ist supertolles Wetter. Wir sitzen draußen, unsere Dogge Jayse liegt auf ihrer Matratze und die Katzen liegen um sie herum. Meine Mutter kommt, sie bringt Jayse immer Leckerlis mit, und Jayse überschlägt sie sich fast vor Freude.

Wir sitzen ein, zwei Stunden zusammen und ratschen. Als sich meine Mutter verabschiedet, gehe ich ins Büro. Plötzlich hörte ich durchs offene Fenster, wie Jürgen mich ruft. Seine Stimme klingt panisch. Ich renne runter und sehe, dass Jayse nur noch Schaum spuckt. Das waren keine Schaumpfützen, als ob sie Gras gefressen hätte, die Schaumberge waren riesig, teilweise zehn bis fünfzehn Zentimeter hoch.

Oh Gott, ein Magendreher. Das ist die häufigste Todesursache bei Doggen. Man muss sich vorstellen, dass der Magen an vier Bändern hängt. Bei einem Magendreher schlägt der Magen um und wird durch die Bänder abgedrückt. Umso größer der Hund, desto wahrscheinlicher kann das passieren, da die Bänder bei einem großen Hund länger sind.

Wir müssen sofort in die Klinik. Jürgen stellt die Rampe ans Auto, aber Jayse will nicht hochlaufen, wahrscheinlich hat sie starke Schmerzen. So hebe ich die Achtzig-Kilo-Dame nach oben.

Von unterwegs aus rufe ich in der Tierklinik an und sagte Bescheid, dass wir kommen mit Verdacht auf Magendreher. Die Klinik ist ca. 20 Minuten entfernt und bei einem Magendreher zählt jede Minute. Als wir ankommen, nehmen die Ärzte in der Klinik Jayse gleich entgegen zum Röntgen.

Kurze Zeit später kommt die Ärztin und sagt, dass ich recht habe und ob ich Jayse operieren lassen will. Bei einem Magendreher ist die Chance nicht groß, dass die Hunde überleben. Zudem ist Jayse schon fast neun Jahre alt, was für eine Dogge ein sehr stolzes Alter ist. Die OP verkraften die Hunde oft noch relativ gut. Aber die Genesung dauert in der Regel bis zu zwölf Wochen und diese schaffen sie oft nicht. Ich sage aber, ich will es versuchen, Jayse ist krankenversichert und jetzt heißt es eben hopp oder top.

Die Ärztin verschwindet wieder ins Röntgen. Jayse bekommt etwas zur Beruhigung und ein Schmerzmittel. Ich habe den Vertrag noch nicht ganz ausgefüllt, da kommt die Ärztin wieder und sagt mir, dass sie gerade noch eine

Aufnahme vom Thorax gemacht und gesehen hätte, dass Jayse einen faustgroßen Tumor am Herzen hat. Sie hat keine lange Lebenserwartung mehr, da der Tumor aufs Herz drückt. Nur noch ein paar Wochen.

Ich breche in Tränen aus. Ich will meinen Hund behalten, aber mein Verstand sagt mir, dass ich es Jayse nicht antun kann, die Strapazen der OP zu ertragen, damit sie dann in ein paar Wochen am Tumor stirbt. Meine Gefühle fahren Achterbahn. Ich weiß eigentlich genau, was zu tun ist, aber ich kann nicht. Ich rufe Manu an, die sagt: »Lass sie gehen!«

Ich weiß, dass sie recht hat, aber das will ich nicht hören. Ich spreche kurz mit Jürgen und mir wird immer bewusster, dass ich sie nun erlösen muss. Die Tierärztin versucht, mich zu trösten, sagt aber auch, dass ich nun eine Entscheidung treffen muss.

Wir lassen sie gehen. Ich möchte aber dabei sein. Auch Jürgen sagt, er möchte bis zur letzten Minute bei Jayse bleiben. Wir gehen in den Behandlungsraum. Jayse liegt am Tropf ganz ruhig auf dem Tisch. Jürgen geht zu ihr an den Kopf und ich bleibe an ihrer Seite. Mir zerreißt es fast das Herz, als die Tierärztin ihr die Überdosis der Narkose spritzt. Das darf nicht sein, denke ich.

So schlimm war das Einschläfern noch bei keinem Hund je zuvor. Jayse hat uns über die ganze Zeit mit Timo getragen, sie war immer da, wenn es mir schlecht ging, und hat uns immer zum Lachen gebracht, auch wenn uns nicht danach war. Ich bin überzeugt, ohne sie hätte ich den Suizid meines Sohnes nie überstanden. Sie hat mir so viel gegeben, es kann nicht sein, dass sie nun auch geht.

Wir streicheln sie bis zum letzten Atemzug. Es tut so weh, aber ich weiß, hätte ich sie operieren lassen, wäre das keine Tierliebe gewesen, sondern nur purer Egoismus, damit es mir besser geht. Nein, sie darf nicht wochenlang Schmerzen haben und dann an einem Tumor sterben. Für wen hätte sie das aushalten sollen? Für mich bestimmt nicht, das will ich nicht.

Wir bleiben noch eine Zeit lang bei Jayse und fahren dann heim. Mir laufen die Tränen runter, wir schweigen, keiner sagt ein Wort. Jürgen sagt nur: »Ich habe nicht damit gerechnet, dass wir ohne unsere Jayse nach Hause kommen.«

Ich fange sofort an, ihre Sachen wegzuräumen. Die Matratzen, das Spielzeug, der Futternapf, alles muss weg. Jürgen fragt mich, ob ich nicht übertreibe? Aber ich sage, dass ich es nicht packe, wenn ich morgen in der Früh aufstehe und alles liegt noch da.

Am nächsten Morgen steht Jürgen auf und eigentlich musste er immer erst mal über Jayse drübersteigen, um an sein Tablet zu kommen. Aber die Matratze ist weg und auch keine Jayse da. Er geht wie gewohnt zur Arbeit und ich ab mittags dann auch. Abends sitzen wir zusammen und weinen beide.

Wir trauern wieder. Für manche war Jayse nur ein Hund. Für uns war sie aber ein Familienmitglied und diejenige, die uns nach Timos Tod mit aufgefangen und uns so viel gegeben hat. Ich denke immer wieder: Du bist jetzt bei Timo und flitzt mit ihm über die Wiesen und euch geht es jetzt beiden gut.

Wir reden viel über sie. Wie oft stand Jayse im Weg. Jürgen sagte oft zu mir, er würde mal Kilometergeld verlangen, weil er immer um den Hund herumlaufen müsse, natürlich hat er das immer lustig gemeint. Jetzt sagte er: »Wenn sie nur noch mal im Weg stehen würde.«

In unserem schmalen Hausgang lief sie Jürgen immer hinterher und er musste auf dem Rückweg warten, bis sie sich rückwärts wieder ausgeparkt hatte, da sie einfach zu groß war, um sich dort umzudrehen. Er veräppelte sie dann immer und machte wie bei einem Autosensor: piep...piep...piep...piep, bis der Gang zu Ende war und sie sich drehen konnte. Wir haben so viel über sie gelacht.

Uns geht es mindestens zwei Wochen lang beiden richtig schlecht. Aber es hilft nichts, es muss weitergehen. Ich denke wieder, wie bei Timo: Atmen muss ich können, sonst nichts. Und so vergeht Tag um Tag und es wird irgendwann wieder besser. Klar dauert das nicht so ewig wie bei Timo, aber es dauert auch lange.

Manchmal habe ich das Gefühl, es überrennt mich. Aber ich stehe immer wieder auf und mache weiter, egal wie. Ich zwinge mich immer wieder, etwas für meine Seele zu machen.

Zum Beispiel gehe ich mit meinen Mädels Manu, Ziggi, Corinna und Annika zum Shoppen, sie bringen mich auf andere Gedanken und zum Lachen. Aber kurz vor der geplanten Shoppingtour bricht sich Manu den Mittelfußknochen und sagt, sie kann nicht mit. Das kommt gar nicht infrage. Ich habe da so eine Idee.

Bei mir gegenüber ist die Sozialstation. Ich frage dort, ob ich mir am Wochenende einen Rollstuhl ausleihen darf. Sie sagen: Gar kein Problem, ich kann am Freitag einen holen. Manu kommt nicht mehr aus, und trotz Rolli haben wir richtig Spaß miteinander. Vor allem, weil Ziggi

den Rollstuhl besetzt und Manu sich auf Krücken herum-
plagen muss. Ich habe schon lange nicht mehr so gelacht.
Es gibt immer einen Weg, man muss nur Ideen haben.

SELBSTHILFE DURCH HELFEN

Nur meine Geschichte zu erzählen, reicht mir nicht mehr. Ich will anderen Betroffenen auch aktiv helfen. Da ich bereits in dem Verein *Trees of Memory (TOM)* bin, stelle ich mich dort als erste Anlaufstelle für Suizid-Hinterbliebene zur Verfügung. Ich weiß, dass man sich in diesem Moment nur von Gleichgesinnten verstanden fühlt, deshalb bin ich gerne bereit, für Hinterbliebene da zu sein.

Über *TOM* habe ich zunächst keinen Einsatz als erste Anlaufstelle, da in meiner Gegend nichts angefragt wurde. Jedoch meldet sich unabhängig von *TOM* eine Familie bei mir, der ich mit genau so einer Eins-zu-eins-Betreuung helfen kann. Mir geht es sehr gut dabei. Ich lasse die Familienangehörigen erzählen, es zieht mich nicht runter und ich versuche, meine innere Stabilität nach außen auszustrahlen, um der Familie möglichst viel Halt zu signalisieren. Die Trauer und den Schmerz kann ich ihnen nicht nehmen, aber ich kann die Hilfsangebote für sie raussuchen, die sie sich wünschen, und ihnen zuhören. Ich bin einen ganzen Nachmittag bei ihnen und kann das sehr gut ertragen, ohne dass es mich in irgendeiner Weise belastet. Ich merke, dass ich diese Hilfe ohne Probleme leisten kann und ich will in dieser Richtung noch mehr machen.

Eine Mutter schreibt mich an, die auch vor Kurzem ihren Sohn verloren und danach mein Buch gelesen hat.

Wir schreiben immer wieder hin und her. Irgendwann besucht Ildi mich. Auch sie will Prävention leisten, um damit andere Menschen und insbesondere Jugendliche aufzuklären, damit sie die Angst verlieren, sich Hilfe zu holen. Wir verstehen uns gut und sind vom Denken her ähnlich. So tritt auch sie kurze Zeit später *Trees of Memory* bei und ist dort bis heute sehr engagiert.

Überhaupt hat sich der Verein bis heute ganz schön vergrößert. Die ersten Anlaufstellen wurden mehr, und auch die Bäume der Erinnerung, die in Gedenken an Suizidopfer gepflanzt werden, sind über die Jahre immer zahlreicher geworden. Mario läuft zum Beispiel um die Welt und pflanzt Bäume. Seine Philosophie: »Am 31.03.2018 begann mein Weg um die Welt. Durch 60 Länder und über 75.000 Kilometer hinweg werde ich Bäume der Erinnerung pflanzen. Als Andenken an großartige Menschen, die ihre Hoffnung und ihren Kampf gegen die Depression verloren haben.« Auch Vorträge an Schulen und bei der Polizei werden von Vereinsmitgliedern gehalten, um dort mehr Aufklärung zu leisten.

Probleme offen ansprechen

Auch in meinem Tattoo-Studio kommen seit *Dark Way* immer mehr Menschen auf mich zu. Wenn sie merken, wie offen ich mit Timos Tod umgehe, kommt oft ein kurzes Erstaunen. Sie erzählen dann ihre eigenen Geschichten und geben mir auch ehrliche Antworten auf Fragen, die ich ihnen stelle.

Viele Menschen denken, man darf schlimme Erlebnisse und vor allem Suizidalität nicht ansprechen. Tatsächlich ist es aber so, dass sich Betroffene in der Regel nicht unangenehm berührt fühlen, sondern ernst genommen. Jedem, der zu mir kommt und zu mir sagt: »Ich habe da jemandem in meinem Umfeld, aber ich weiß nicht, wie ich damit umgehen soll«, sage ich: »Offen und ehrlich!«

Frag nach, ob die Person psychische Probleme hat und ob du sie irgendwie unterstützen kannst. Zum Beispiel kannst du helfen, einen Therapieplatz zu suchen, einfach nur zuhören oder dem Menschen das Gefühl geben, ihn nicht allein zu lassen. Frag ruhig auch offen nach, ob derjenige Suizidgedanken hat, und bestärke ihn, sich Hilfe zu holen. Was kann schon passieren? Trau dich! Denn eines ist sicher: Mit Schweigen wurde noch nie jemandem geholfen.

Klar, es ist unheimlich schwer, jemanden, der einem nahesteht, sowas zu fragen. Ich war selbst in der Situation, dass ein Freund von mir erzählte, wie schlecht es ihm geht. Das hörte sich alles nach Depressionen an. Ich war aber zu feige, ihn zu fragen, ob es sein kann, dass er tatsächlich welche hat. Es dauerte ewig, bis ich mich dazu überwunden habe, direkt nachzufragen. Sei nicht so feige, wie ich es war. Nimm deinen Mut zusammen und tu es, derjenige wird dir dankbar sein. Mein Freund wollte bisher keine Hilfe, aber viele andere Menschen wünschen sich diese schon. Wenn du unsicher bist, wie man das am besten macht, gibt es Möglichkeiten, es zu lernen. Es gibt sowas wie einen Erste-Hilfe-Kurs für die Psyche. Er nennt sich *Mental Health First Aid (MHFA)*. In einem zwölfstündigen Online-Kurs lernt man als Laie, psychische Gesundheitsprobleme bei nahestehenden Personen zu erkennen, richtig anzusprechen und Betroffene in professionelle Hilfe zu vermitteln, sowohl in akuten Krisensituationen als auch bei sich entwickelnden oder anhaltenden psychischen Beschwerden.

MHFA ist eine weltweite Bewegung. Sie arbeitet daran, dass jeder Mensch Erste Hilfe in psychischer Gesundheit leisten kann. Ich habe diesen Kurs gemacht und finde ihn mehr als hilfreich. Man weiß oft nicht, wie man mit Betroffenen umgehen soll, aber dort wird es einem gezeigt. Die Schulung ist alles andere als langweilig. Ich kann sie jedem ans Herz legen, ich finde sie genauso wichtig wie einen normalen Erste-Hilfe-Kurs. Denn auch in der Psyche kann es um Leben und Tod gehen, was ich ja aus eigener, leidvoller Erfahrung weiß.

Besonders wichtig fände ich so einen Kurs für Personen, die viel mit Jugendlichen zu tun haben, zum Beispiel Lehrer, Sozialpädagogen und Trainer in Sportvereinen. Aber durchaus auch Apotheker oder Ärzte, die oft mit älteren suizidalen Menschen zu tun haben. Denn leider sind manchmal auch Hausärzte nicht auf dem Laufenden, wie man mit psychisch angeschlagenen oder suizidalen Menschen umgeht. Auch das habe ich selbst erfahren müssen.

Manche Ärzte kennen zum Beispiel nicht den Zusammenhang zwischen Schilddrüse und Depressionen. Gerade bei Jugendlichen, bei denen eh hormonell alles drunter und drüber geht, kann es sein, dass sich ein Wert an der Untergrenze schon ganz anders auswirkt, als bei einem Erwachsenen. Diese hormonelle Umstellung wird oft nicht bedacht. Mit diesem Wissen könnte aber einigen Menschen viel früher durch Schilddrüsenmedikamente geholfen werden. Empathie allein reicht eben manchmal nicht aus.

In diesen Kursen wird auch die eigene Psychohygiene besprochen. Dazu zählen alle Maßnahmen, die dem Schutz der eigenen psychischen Gesundheit dienen. Also Lebensgewohnheiten und Verhaltensweisen, die einem helfen, mit Belastungen umzugehen und auch tägliche Pflegemaßnahmen für die eigene Seele. Denn wenn man nicht auf sich selbst achtet, kann der Kontakt mit traumatisierten Menschen schnell in die Hose gehen.

DDL und NaSPro

Irgendwie habe ich das Gefühl, dass ich immer noch nicht genug tue. So trete ich auch der *Deutschen DepressionsLiga* bei, obwohl ich nicht direkt von Depressivität betroffen bin. Trotzdem will ich Menschen mit Depressionen helfen – auch Timo hat an dieser Krankheit gelitten und niemand hat es bemerkt. Ich glaube auch, dass ich durch meine Erfahrung mit meiner eigenen depressiven Verstimmung aufgrund des Kortisons nachvollziehen kann, wie man sich mit Depressionen fühlt. Ich habe noch keinen Plan, wie meine Arbeit dort aussehen soll, aber wenigstens habe ich erst mal durch meinen Eintritt in den Verein finanzielle Mittel für dessen tolle Arbeit bereitgestellt. Auch Jürgen tritt ein. Er ist dort eher passives Mitglied, das finanziell unterstützt, während ich aktiv etwas tun will.

Also fahre ich nach Bonn zu meiner ersten Mitgliederversammlung. Es sind nicht besonders viele Mitglieder da, ungefähr 20, was mir den Verein aber umso sympathischer macht, da mehr persönliche Gespräche zustande kommen. Ich erzähle also, wer ich bin und was mein Ziel ist. Am nächsten Morgen spricht mich eine Frau aus der

Vorstandschaft an, dass sie eine Anfrage des Nationalen Suizid Präventionsprogrammes hätten.

Sie erklärt mir, dass das *NaSPro* ein bundesweites Netzwerk zur Förderung der Suizidprävention ist. Daran beteiligt sind Bundestagsausschüsse, Bundes- und Länderministerien, Kirchen, Arbeitgeber- und Arbeitnehmerverbände, Medienverbände, Dach- und Fachgesellschaften des Gesundheitswesens, wissenschaftliche Einrichtungen und Betroffenenorganisationen. Darüber hinaus begleitet ein internationaler wissenschaftlicher Beirat die Arbeit. Im Mittelpunkt stehen die Arbeitsgruppen, die sich Themen wie niedrigschwellige Suizidprävention, Justizvollzug, Verfügbarkeit von Suizidmitteln und -methoden, Medien und Öffentlichkeitsarbeit widmen. Wow, ich bin beeindruckt.

Das *NaSPro* hat also angefragt, ob ein Mitglied der *Deutschen DepressionsLiga* mit in die Allianz kommen möchte. Und die Vorstandschaft fragt wirklich mich, ob ich das denn nicht übernehmen möchte. Ja natürlich, was für eine Frage, das ist genau das Gebiet, auf dem ich tätig sein will! Also werde ich angemeldet und warte, bis die Einladung zu meiner ersten Onlinesitzung kommt. Ganz ehrlich? Ich bin scheiße aufgeregt.

DIE BUNDESEINHEITLICHE NUMMER

Endlich kommt die Einladung für meine erste Sitzung in der Allianz des *NaSPro*. Ich bin neugierig, was da wohl auf mich zukommt. Ich wähle mich über den Link in die Online-Sitzung ein und sehe, dass ziemlich viele Leute teilnehmen. Die unzähligen Gesichter sehe ich gar nicht alle auf einmal auf dem Bildschirm. Dann begrüßt uns ein Sprecher. Er berichtet über den neuesten Stand der laufenden Angelegenheiten und manche Mitglieder sagen etwas dazu.

Ich halte mich zurück, ich will mir erst mal anschauen, was da so gemacht wird. Gegen Ende der Sitzung sagt der Sprecher, dass noch jemand für die Steuerungsgruppe gesucht wird. Er erklärt, dass diese die wichtigsten Entscheidungen trifft und zusammengesetzt ist aus Mitgliedern der *Deutschen Gesellschaft für Suizidprävention (DGS)*, der *Deutschen Akademie für Suizidprävention (DASP)*, der *Arbeitsgemeinschaft zur Erforschung suizidalen Verhaltens* und der *Allianz für Suizidprävention*.

Ui, denke ich, das wäre genau meins. Aber ich kann mich doch nicht als Noname einfach aufstellen lassen. Den Mut habe ich nicht.

Erst mal lässt sich jemand anders aufstellen. Ich denke immer wieder: Du Idiotin, reiß dich zusammen und mach das jetzt. Das ist genau das, was du immer wolltest! Ich habe ein Teufelchen auf der einen Schulter und ein

Engelchen auf der anderen. Immer wieder: Los, mach jetzt. Nein, ich trau mich nicht.

Ich denke an Timo. Er darf nicht umsonst gestorben sein. Sein Tod muss einen Sinn haben, ich muss irgendwas daraus lernen. Und jetzt ist die Gelegenheit dazu. Also nehme ich allen Mut zusammen, stelle mich vor und lasse mich aufstellen. Bestimmt zittert meine Stimme, aber ich versuche, nach außen cool zu wirken. Ich habe wahrscheinlich eh keine Chance, aber was solls, ich probiere es zumindest.

Die Steuerungsgruppe zieht sich aus dem Meeting zurück, um zu wählen. Das Warten ist furchtbar. Als die Gruppe wieder in unseren Online-Raum kommt, haut es mich fast um: Sie haben mich gewählt!

Ich denke, ich höre nicht richtig, und ich freue mich riesig. Der Sprecher sagt: »Allerdings haben Sie nicht mehr viel Zeit, sich vorzubereiten, denn die nächste Steuergruppensitzung ist morgen.« Oh je, mir fallen fast die Augen aus dem Kopf. Ganz ruhig bleiben, denke ich, die wissen, dass du neu bist und dich nicht vorbereiten kannst. Das wird schon, du hast es bis hierhin geschafft, dann wirst du es auch weiter schaffen.

Abends kommt der Link zum Beitritt in das Meeting. Ich schaue auf der Homepage des *NaSPro*, wer sonst noch alles Mitglied in der Steuergruppe ist. Oh Gott! Dr. Professor und Dr. Professor und Dr. Professor. Ich werde noch aufgeregter. Fragt nicht, wie viel ich in der Nacht schlafe, nämlich gar nicht.

Es ist so weit. Ich wähle mich ein und sehe fünf Professoren auf dem Bildschirm, die mich alle erwartungsvoll anschauen. Heilige Scheiße, hoffentlich ist das nicht eine

Nummer zu hoch für mich. Der Sprecher sagt, ich soll mich vorstellen. Das mache ich, aber meine Stimme zittert dabei. Dann fragt der Sprecher mich: »Und was haben Sie für Ideen, Frau Metzeler?«

Frau Metzeler, furchtbar ... Ohne nachzudenken, sage ich: »Ich sieze und respektiere Sie alle gerne, aber bitte, ich bin einfach nur Pam und ein Du.« Da meint der Sprecher: »Stimmt, wir könnten uns ja eigentlich alle duzen.« Super, ich werfe mit meinem ersten Satz gleich mal wieder alles durcheinander. Das ist so typisch für mich. Die Zunge ist immer schneller als das Hirn. Das sind alles Professoren und ich Zwerg komme mit sowas daher ...

»Was erwarten Sie eigentlich von mir?«, frage ich, wieder ohne groß nachzudenken. »Hier geht es viel um wissenschaftliche Inhalte und ich bin keine Wissenschaftlerin, sondern nur eine Hinterbliebene.«

Da sagt eine Professorin zu mir: »Wissen Sie ... ähm ... du, wir wissen in der Theorie alles. Aber eben genau deswegen können wir manchmal nicht einschätzen, ob das in der Praxis auch ankommt. Deshalb brauchen wir jemanden wie dich, der an der Front steht und seine Sicht der Dinge schildert.« Wow! Bisher dachte ich immer, dass es Professoren nicht wirklich interessiert, was wir »normalen« Leute denken. Aber die Mitglieder dieser Steuerungsgruppe sind ganz anders.

Also schildere ich eine Erfahrung, die ich seit einigen Jahren beobachte: Wenn jemand zum Beispiel Depressionen hat, ich spreche hier nicht von einer leichten Depression, sondern ab einer mittelgradigen, und er möchte Hilfe, dann weiß er eigentlich gar nicht genau, wo er sich hinwenden kann. Jedes Gebiet in Deutschland hat zig verschiedene Telefonnummern. Der Betroffene steht da und ruft vielleicht erst mal die Telefonseelsorge an. Dort wird ihm zum Beispiel eine Psychotherapie vorgeschlagen. Derjenige schafft es, einen Therapeuten in seiner Nähe zu recherchieren und anzurufen. Dort kommt er entweder gar nicht durch, oder man sagt ihm, er muss mit einem halben Jahr Wartezeit rechnen. Er schafft es vielleicht auch noch, einen zweiten Therapeuten anzurufen, bei dem er dasselbe hört. Er wird aber sicher bei keinem dritten mehr anrufen, da ihm die Kraft dazu fehlt.

Es gibt auch Online-Portale, an die man sich anonym wenden kann, wie z.B. *U25* und *MANO*, die aber komplett voll sind. Auch hier gibt es Wartezeit.

Der Angehörige eines suizidalen oder psychisch erkrankten Menschen weiß ebenfalls nicht, wo er sich hinwenden kann. Er versucht vielleicht, den Krisendienst anzurufen, der aber oft, gerade bei uns in den ländlichen Gebieten, nur ein oder zweimal die Woche für ein paar Stunden Telefondienst hat. Man fühlt sich hilflos und allein gelassen, als Betroffener und auch als Angehöriger.

Meiner Meinung nach brauchen wir deshalb eine bundesweite Rufnummer für psychiatrische Notfälle, wie die 112 für medizinische Notfälle. In Skandinavien gibt es so etwas bereits seit Jahren, dort ist die Telefonnummer 113.

Kaum bin ich mit meinen Ausführungen fertig, steigt jemand aus der Steuerungsgruppe ein und sagt, er kennt dieses Modell. Er erklärt, dass in Skandinavien geschultes Personal am Telefon sitzt, das in etwa abschätzen kann, was der Anrufer braucht: Bei einem psychiatrischen Notfall eine Klinik, also Rettungsdienst. Braucht er eher einen Therapieplatz, dann den Therapeuten in seiner Nähe, der am ehesten Kapazitäten frei hat. Will der Anrufer nur reden, braucht er die Telefonseelsorge oder eine ähnliche Einrichtung. Unter dieser Telefonnummer sind alle Angebote des Landes vernetzt. Das geschulte Personal gibt nicht nur Nummern raus, sondern verbindet die Anrufer gleich direkt dorthin weiter.

Genau das wäre es! Das wäre wirklich hilfreich für alle. Die restliche Steuerungsgruppe stimmt zu und die Sitzung geht ziemlich schnell zu Ende.

Ich bin erleichtert und habe ein unheimlich gutes Gefühl. Die Professoren haben mir nicht einfach nur zugehört, ich habe gespürt, dass sie meine Meinung wirklich interessiert. Das gibt mir das Gefühl, mit meinen Ideen und Erfahrungen tatsächlich etwas bewirken zu können.

Etwa ein Jahr, nachdem wir die Idee der bundeseinheitlichen Nummer im Bundestag angebracht haben, bekomme ich genau an meinem Geburtstag einen Brief, in dem steht, dass diese tatsächlich im Bundestag beantragt wurde. Das ist eins der schönsten Geburtstagsgeschenke, das ich je erhalten habe. Unglaublich, es passiert wirklich etwas. Und im April 2024 schickt mir Jürgen morgens eine Nachricht, in der steht: »Heute in der Früh war der Lauterbach im Fernsehen und hat gesagt, dass es eine bundeseinheitliche Notfall-Nummer geben soll.«

Jürgen schickt mir den Link und sagt, dass er sehr stolz auf mich ist und dass diese Sache eigentlich auch witzig ist, weil er ja weiß, dass hier so ein Mädel vom Dorf schon seit Jahren von dieser Idee redet... Ich muss auch lachen, denn tatsächlich hätte ich nie gedacht, dass einer meiner Vorschläge sogar im Bundestag diskutiert wird. Danke, Timo!

KIRCHE UND SUIZID

Immer wieder denke ich: Du tust noch nicht genug, es muss noch bessere Aufgaben für dich geben. Ich komme aber nicht drauf, was das sein könnte.

Dann treffe ich seit Längerem Anke wieder. Sie ist die Schwester meines besten Schulfreundes, der sich mit zweiundzwanzig Jahren das Leben genommen hat. Ich mochte sie schon immer, sie ist einfach ein ganz toller Mensch. Anke arbeitet gegenüber in der Sozialstation. Wir quatschen eine Weile miteinander und sie erzählt mir, was sie so alles ehrenamtlich in der Seelsorge macht. Da fällt es mir wie Schuppen von den Augen: Seelsorge könnte ich mir auch vorstellen. Ich spreche mit Jürgen darüber und er sagt: »Wenn du das kannst, warum nicht?«

Als mir Anke Infounterlagen in den Briefkasten wirft, rufe ich sofort bei dem zuständigen Pfarrer an und mache einen Termin für ein Vorstellungsgespräch aus. Ich bin ganz schön aufgeregt.

Wir sitzen in einem kargen Saal in einem Pfarrheim, außer uns beiden ist niemand in dem riesigen Raum. Es hallt fast beim Sprechen. Ich erzähle, wer ich bin, was ich mache und warum ich zur Seelsorge will. Er erklärt mir die Aufgabenbereiche. Gegen Ende des Gesprächs sagt er mir, er hätte mich gern in seinem Team gehabt, aber ich sei ja leider nicht mehr in der Kirche und das sei die Voraussetzung dafür. Ich könne es ja mal beim Roten Kreuz probieren, die hätten dort die Krisenintervention und teilen sich den Dienstplan mit der Seelsorge.

Echt jetzt? Das hätte er auch früher sagen können und nicht erst nach eineinhalb Stunden.

Ich hetze nach Hause, denn es steht noch eine digitale Mitgliederversammlung von *Trees of Memory* an. Also schiebe ich meinen Ärger erst mal nach hinten und konzentriere mich auf die Versammlung.

Abends denke ich noch mal über das Vorstellungsgespräch nach und informiere mich über den Kriseninterventionsdienst, den mir der Pfarrer vorgeschlagen hat. Das *KID* ist ein ehrenamtlicher Bereitschaftsdienst im Roten Kreuz und wird bei psychosozialen Notfällen gerufen. Zum Beispiel bei häuslichem Tod, Suizid oder Überbringen einer Todesnachricht, aber auch bei Großschadenslagen wie Bränden, Hochwasser oder Erdbeben.

Die Ausbildung ist ein richtiges Brett, sie besteht aus der Sanitätsausbildung, da *KID*'ler eben auch manchmal dem Rettungsdienst zur Hand gehen müssen, und vielen Lehrgängen. Im Fachlehrgang psychosoziale Notfallversorgung lernt man zum Beispiel alles, was man für eine professionelle Betreuung von Betroffenen unmittelbar nach belastenden Lebensereignissen benötigt.

Das wäre genau mein Ding, und fast bin ich dem Pfarrer dankbar für den Tipp. Trotzdem bin ich über seine Reaktion echt verärgert.

Mittlerweile weiß ich, dass der Umgang mit Suizid in der Kirche sehr unterschiedlich ist. Die Seelsorge, die einen kirchlichen Hintergrund hat, geht damit normalerweise sehr offen um. Auch unser evangelischer Pfarrer

Koslowski hat sich nach Timos Tod sehr um uns gekümmert und bis zu Corona mindestens einmal jährlich nach uns geschaut. Das ist nicht selbstverständlich, zumal Jürgen und ich nicht mehr in der Kirche sind. Das war aus reiner Menschlichkeit und Nächstenliebe. Solche Pfarrer sollte es mehr geben.

Denn leider kenne ich auch genügend andere Fälle. Ein befreundetes Ehepaar hatte Zwillinge, beide in der Kirche als Ministranten tätig. Als sie 17 Jahre alt waren, nahm sich einer von beiden das Leben. Der Zwillingsbruder ging trotzdem weiterhin zum Ministrieren, bis der Pfarrer sagte, dass es mit diesem Hintergrund vielleicht besser wäre, das einzustellen.

Geschockt wandte sich der Vater mit einem Brief an den zuständigen Bischof. Kurze Zeit später bekam er ein Antwortschreiben mit der gleichen Aussage. Der andere Sohn hörte dann mit dem Ministrieren auf und die ganze Familie kehrte der Kirche den Rücken. Vier Jahre später beging auch der andere Sohn Suizid.

Ich habe ein ähnliches Verhalten auch am eigenen Leib erfahren. Nach Timos Tod hat der Pfarrer hier im Dorf kein Wort mehr mit uns gesprochen. Wenn ich ihn grüßte, schaute er weg. Jürgen hat mir das anfangs gar nicht geglaubt, bis er es selbst erlebte. Er sagte dann ziemlich laut: »Wie sich ein Pfarrer so abscheulich verhalten kann.« Der Pfarrer hat das bestimmt gehört, aber keinerlei Reaktion darauf gezeigt.

Dennoch glaube ich, dass die Kirche mittlerweile besser mit Suizid umgeht, als noch vor 20 Jahren. Ausnahmen gibt es natürlich nach wie vor. Wenn man bedenkt, dass bis vor einigen Jahren durch Suizid Verstorbene nicht mal auf dem Dorffriedhof beerdigt werden durften, sind es heute nur noch ganz wenige Gemeinden, die das so durchziehen.

Ich hoffe, dass die Kirche sich zu diesem Thema noch weiter öffnen und modernisieren wird, denn sie könnte vielen Hinterbliebenen Trost spenden, was ja eigentlich auch ihre Aufgabe wäre.

MEIN WEG INS KID

Das Thema Kriseninterventionsdienst *(KID)* lässt mich nicht los. Daher bitte ich um einen Termin für ein Vorstellungsgespräch. Rolf, der Teamleiter, kommt auf einen Kaffee zu mir, erzählt alles über diese Arbeit und will natürlich auch wissen, warum ich ins *KID* will. Er sagt, dass die Ausbildung ungefähr eineinhalb Jahre dauert, und ich soll mir überlegen, ob ich das wirklich möchte. Für mich ist das keine Frage. Das ist genau das, was ich tun will: anderen Menschen in so einer schweren Situation wie unserer beizustehen. Er erklärt mir auch, dass das Rote Kreuz die Ausbildung komplett bezahlt, wenn man Mitglied wird. Das ist super, denn sie ist sehr teuer.

Ein paar Tage später treffen wir uns beim Roten Kreuz. Es sitzt noch eine Frau dabei, die ich nicht kenne. Sie stellt sich als Gerti vor und sagt: »Ich war damals, als das mit Timo passiert ist, bei dir im Einsatz.« Wie krass, denke ich. Sie redet weiter: »Ich habe dein Buch gelesen und war entsetzt, weil du darin geschrieben hast: *Warum tatscht mich diese Frau so an.*« Sie sagt, das hätte sie sehr enttäuscht, denn wenn man im Einsatz ist, hört man in der Regel nie wieder etwas von den betreuten Personen. Wenn man dann Jahre später liest, dass man jemanden angetatscht hätte, sei das sehr verletzend.

Ich bin erschrocken darüber, denn ich habe das ja nicht böse gemeint. Damals war ich völlig unter Schock und außerdem sauer auf die Polizisten, weil sie mir nicht Bescheid gegeben hatten, dass Timo tot ist. Ich musste selbst auf der Wache anrufen, um zu erfahren, dass das mein Sohn ist, der da auf den Gleisen gefunden worden war. Da war mir einfach alles zu viel. Ich mag es generell schon nicht, wenn Leute mich anfassen, und in dieser Situation war es mir viel zu viel. Natürlich hat Gerti mich nicht angetatscht, sondern einfach nur am Arm angefasst, und so sollte es auch gemeint sein. Als sie mir nun ihre Sichtweise schildert, verstehe ich, warum sie verletzt ist. Das wollte ich nicht. Heute steht das nicht mehr so in *Dark Way*, sondern in abgewandelter Form, weil mir wichtig war, dass es korrigiert wird. Aus Fehlern muss man eben lernen und seine Konsequenzen ziehen.

Als Gerti das mit mir geklärt hat, gibt sie ihr Okay und ich kann mit der Ausbildung beim *KID* starten. Es ist ein Drama, bis ich kapiere, was ich alles brauche. Ich muss verschiedenste Schulungen und Lehrgänge besuchen, die leider nicht oft angeboten werden. Der Fachlehrgang Psychosoziale Notfallversorgung findet zum Beispiel nur einmal im Jahr statt, da dieser über mehrere Wochenenden geht. Auch die Sanitätsausbildung zieht sich. Ich verstehe schnell, dass die Ausbildung wirklich so lange dauert, wie Rolf gesagt hat. Ich fange trotzdem damit an und versuche, so zügig wie möglich alle Kurse zu besuchen, um mein Ziel zu erreichen.

S3-Leitlinie für Suizidalität

Die Sitzungen in der *NaSPro*-Steuerungsgruppe finden im Abstand von etwa drei Monaten statt. Es ist für jemanden wie mich, ohne wissenschaftlichen Hintergrund, gar nicht so einfach, da mitzukommen. Aber ich gebe mir die größte Mühe und versuche jedes Mal, wieder was dabei zu lernen. Eines Tages ruft mich eine Professorin der *NaSPro*-Steuerungsgruppe an und fragt, ob ich nicht Lust hätte, nach Frankfurt zu fahren. Dort würden Gespräche geführt, um eine S3-Leitlinie für Suizidalität zu erstellen. Ich habe keine große Ahnung davon, was eine Leitlinie ist, aber die Professorin wird schon ihre Gründe haben, warum sie ausgerechnet mich fragt. Ich weiß nur, dass es ein Leitfaden ist, an dem sich Ärzte orientieren und nach dem Studenten ausgebildet werden. Also eine echt wichtige Sache.

Am Donnerstag gehts also nach Frankfurt. Oh Mann, was ziehe ich bloß an? Ich habe ja keine Ahnung, auf wen ich da treffe. Also wähle ich ein schwarzes, schlichtes Sommerkleid. Es ist ärmellos. Ich bedecke den Großteil meiner Tattoos mit einem dünnen Jäckchen, da ich nicht weiß, ob da jemand voreingenommen ist. Als ich ankomme, sind nur wenige Leute in der Sitzung, alle in Jeans und T-Shirt. Die kochen also auch nur mit Wasser, stelle ich erleichtert fest. Da hätte ich mir das Kleidchen sparen können.

Dann geht es los. Ich höre erst mal nur zu. Oh Gott, was reden die da? Es geht um Fachliches, Rechtliches, Wissenschaftliches und ich verstehe nur Bahnhof. Heimlich versuche ich, unter dem Tisch zu googeln, was die dort eigentlich reden. Meine Güte, muss ich noch viel lernen. Dieses wissenschaftliche Zeug ist noch mal eine ganz andere Hausnummer, es überfordert mich komplett.

Einer der Ärzte fragt mich dann gezielt, ob mir noch was einfällt. Mir rutscht echt das Herz in die Hose, weil ich immer noch nicht wirklich verstanden habe, um was es eigentlich geht. Also spreche ich einfach über niederschwellige Angebote wie Krisenintervention, Seelsorge und Selbsthilfegruppen, damit sind sie zufrieden. Ich bin heilfroh, dass ich nichts mehr sagen muss.

Am Ende der Sitzung geht es um ein weiteres Treffen. Da schalte ich ab, denn in meinen Augen war das eine einmalige Sache. Pustekuchen. Die Professorin, die mich eingeladen hat, sagt: »Nein, nein, du bist jetzt in der Steuerungsgruppe zur Erstellung dieser Leitlinie und musst wiederkommen.« Diese Leitlinie soll bis 2025 fertig erstellt sein.

Mein Gewissen plagt mich. Wie erkläre ich Jürgen, dass ich nun auch noch regelmäßig nach Frankfurt muss? Als ich ins Auto steige, um die 330 Kilometer wieder nach Hause zu fahren, bin ich fix und alle. Ich fahre eigentlich gerne lange Strecken, aber diese Tagung hat mich so angestrengt, dass ich echt komplett durch bin. Hilft aber nichts, ich muss morgen in die Arbeit, deshalb muss ich schnellstmöglich nach Hause.

Während der Fahrt geht mir alles wieder und wieder durch den Kopf. Ich denke nach, was dies oder jenes sein könnte und überlege, wo ich mich weiter einlesen kann. So werde ich nicht müde und komme gut nach Hause.

Jürgen schläft schon und ich falle total kaputt ins Bett. Die Tagung beschäftigt mich aber immer noch so, dass ich nicht schlafen kann. So bleibe ich noch einige Zeit wach liegen und googele immer wieder Dinge, die ich kaum verstanden habe. Das wird eine lange Nacht.

Am nächsten Tag nach der Arbeit erzähle ich Jürgen alles und er sagte wieder: »Klar, mach das, das ist wichtig.«

Ich wiederhole noch mal, dass es bis 2025 geht und er meint: »Das ist okay, und wenn du es machen willst, dann mach es.« Wenn wir beide zusammen sind, lachen wir fast permanent. Wir frotzeln uns ständig gegenseitig. Daher sagt er mir noch obendrauf: »Hurra, dann habe ich wieder ein paar Wochenenden sturmfrei.«

An diesen Wochenenden lädt er meistens Freunde zum Grillen ein. Er hat recht damit, wenn ich schon nicht da bin, soll er seine Alleinzeit auch genießen. Ich bin ihm so unendlich dankbar für seine Unterstützung.

DIE HEILPRAKTIKER-AUSBILDUNG

In meinem Zeitplan gehts rund: *MHFA*-Kurse, *Na-SPro*-Sitzungen, Onlinehandel, Tattoo-Studio und am Wochenende mal wieder eine Convention, auf der mein Tätowierer Rasto erneut absahnt. Im September startet dann auch endlich meine Ausbildung beim Krisenter-ventionsdienst (*KID*). Ich freue mich mega.

Für Termine, die nicht in meine ehrenamtliche Arbeit fallen, habe ich mein »Brain«. So nenne ich Jürgen immer. Ohne ihn würde ich so vieles verplanen. Alle nicht so wichtigen Dinge, wie zum Beispiel Essen, würde ich ver-gessen, wenn er mir nicht schreiben würde: Nimm das Essen mit. Er hält mir immer den Rücken frei, umsorgt mich und schaut, dass es mir gut geht. Ich bin so froh, ihn zu haben und versuche, möglichst viel mit ihm zu unternehmen. Wir treffen uns mit Freunden zu Spiele-abenden, gehen auf Partys oder auf Konzerte, obwohl wir manchmal keine Lust dazu haben. Wir wissen aber aus Erfahrung, dass es uns danach immer sehr gut geht. Anfangs ist es oft so, dass jeder von uns beiden denkt: Ich hab eigentlich keinen Bock. Aber wir zwingen uns dazu oder machen gezielt was mit Freunden aus, sodass wir nicht absagen können. Und hinterher merken wir jedes Mal: Das war richtig toll, das hat gutgetan.

Das sind Momente, in denen man Spaß haben, lachen oder über normale Dinge reden kann. Wir dachten anfangs immer, wenn wir irgendwo hingehen, starren uns die Leute nur an und reduzieren uns auf den Suizid von Timo. Das war aber nicht so, im Gegenteil. Man bildet sich das oft nur ein. Klar gab es manchmal auch Gespräche dazu, aber man hat ja die Möglichkeit, zu sagen: »Sei mir nicht böse, aber ich möchte darüber im Moment nicht reden.« Ich selbst habe immer gesprochen, wenn es zum Thema wurde, und es war mir niemals unangenehm. Mir war es egal, was die anderen dachten oder ob sie nur aus Neugierde gefragt haben. Aber das kann ja jeder für sich selbst entscheiden.

Ich versuche, einfach alles zu machen, was mir gefällt und womit es mir besser geht. Ich bin eigentlich dauernd unterwegs, nicht nur in der ehrenamtlichen Arbeit, sondern eben bei allem, was toll ist, von Friseur bis Thai-Massage.

Ich bin aber auch gern mal allein. Ich gehe dann in die Badewanne zum Entspannen, zocke am Handy oder lese. Nur Ruhe und schöne Musik. Keiner, der mit mir spricht oder sich um mich herumbewegt. Ich liebe das. Das ist wie ein Zuckerstückchen oder ein Stück Schokolade, das sich andere gönnen.

Im Internet sehe ich, dass es einen Heilpraktiker für Psychotherapie gibt. Hammer, das würde mich total interessieren. Ich denke an unseren Freund, den Polizisten. Mit dieser Ausbildung könnte ich eine Anlaufstelle für diejenigen sein, die offiziell nicht krank sein dürfen.

Die Geschichte dazu ist folgende: Ein Freund von uns arbeitet bei der Polizei und ist manchmal in schlimmen Einsätzen tätig, die Spuren hinterlassen. Er war zeitweilig psychisch angeschlagen.

Nach Außen heißt es zwar, dass für die Polizisten gesorgt ist und theoretisch ist auch Fürsorge da, zum Beispiel der psychiatrische Dienst oder der ärztliche Dienst der Polizei.

Der psychiatrische Dienst hat aber keine Schweigepflicht und trägt die Sache an den Vorgesetzten weiter. Der sagt dann: »Oh, der Polizist hat psychische Probleme, dann nehmen wir ihm lieber die Waffe weg.« Es ist zwar verständlich, dass die Polizei so ihre eigenen Leute schützen will, und das aus gutem Grund, denn eine Schusswaffe ist für Polizisten ein leicht zugängliches Suizidwerkzeug. Nicht selten nimmt sich ein Polizist mit seiner Dienstwaffe das Leben.

Ohne Waffe ist man aber nicht mehr im Polizeivollzugsdienst. Das bedeutet auch, dass man die Zulagen dafür verliert, obwohl man meiner Meinung nach als Polizist sowieso schon wenig verdient. Nun hat also so ein Polizist eh schon Probleme, und dann werden ihm auch noch Zulagen gestrichen, weil er darüber redet. Betroffene Polizisten werden im Endeffekt in den Innendienst versetzt und mit dem Streichen der Gelder doppelt bestraft. Deshalb ist auch klar, dass sich viele keine Hilfe suchen. Hier sollte eine andere Lösung gesucht werden, als Gelder zu streichen. Deshalb behalten viele Polizisten ihre psychischen Probleme für sich. Einfach stelle ich mir das nicht vor, denn um schlimme Erlebnisse zu verarbeiten, soll man ja eigentlich davon erzählen.

Der ärztliche Dienst hingegen hat eine Schweigepflicht. Dort arbeiten aber oft Ärzte, die in der normalen Wirtschaft nicht gut zurande kommen und daher auch nicht so empfehlenswert sind.

Polizisten sind also oft dazu gezwungen, sich sozusagen heimlich von außen Hilfe zu holen. Bei der Einreichung der Rechnung bei der privaten Krankenkasse steht dann aber drauf, dass man in Therapie ist, und diese teilt es dann der Dienststelle mit. Es steht zwar nicht drauf warum, aber der Stempel »psychische Probleme« ist schon wieder aufgedrückt.

Klar könnten Polizisten sich in solchen Fällen in den Verwaltungsdienst versetzen lassen. Dann müssen sie aber wieder eine Schule besuchen, die weiß Gott wo ist, dazu haben sie oft gar nicht die Kraft. Was ich noch schlimmer finde ist, dass sie dann ihr besonderes Renteneintrittsalter der Polizei verlieren und länger arbeiten müssen.

Ich verstehe es einfach nicht. Leisten diese Menschen nicht schon genug? Es ist klar, dass ein Polizist viel aushalten muss, aber wenn man keine Hilfe bekommt, wie soll man da nach schlimmen Erlebnissen wieder stabil werden? Polizisten erleben Dinge, die zu einer posttraumatischen Belastungsstörung führen können, was für mich eine Erkrankung ist, die in diesem Fall durch die Arbeit verursacht wurde. Jedoch habe ich noch nie davon gehört, dass in einem solchen Fall jemand, wie bei einem Arbeitsunfall in einem anderen Beruf, als berufsunfähig eingestuft wurde und zum Beispiel die Berufsgenossenschaft oder eine Versicherung die Rente übernimmt. Da ist noch einiges im Argen.

Aber zumindest auf psychischer Ebene könnte ich als Heilpraktikerin genau solchen Menschen helfen, da sie mich privat bezahlen können und keine Krankenkasse irgendwem irgendwas meldet.

Ich mache mich schlau und abends spreche ich mit Jürgen. Ich erzähle, dass ich einmal die Woche zur Schule gehen und den Rest der Zeit selbst lernen müsste. Er fragt: »Meinst du, das wird nicht zu viel, zwei Ausbildungen parallel?« Ich antworte, dass in meinen Augen das eine nur vom anderen profitieren kann. Dann sagt er, dass er mich dabei voll und ganz unterstützt. Es dauert natürlich keinen Tag, bis ich mich dort anmelde.

Als ich das erste Mal im Unterricht für die Psychotherapie-Ausbildung sitze, verstehe ich nur Bahnhof. Wie soll ich da jemals mitkommen? Die Ausbildung ist wirklich wahnsinnig schwer und das Wissensspektrum unheimlich breit. Eigentlich muss ich alles aus dem ICD-10 wissen. Das ist die amtliche Klassifikation zur Verschlüsselung von Diagnosen in der ambulanten und stationären Versorgung in Deutschland, zum Beispiel: Psychische und Verhaltensstörungen, Störungen der psychischen Entwicklung, Symptome und abnorme klinische und Laborbefunde, organische Störungen einschließlich symptomatischer psychischer Störungen, psychische und Verhaltensstörungen durch psychotrope Substanzen, Schizophrenie, schizotype und wahnhafte Störungen, affektive Störungen, neurotische Störungen, Belastungs- und somatoforme Störungen, Verhaltensauffälligkeiten mit körperlichen Störungen und Faktoren, Persönlichkeits- und Verhaltensstörungen, Intelligenzminderung, Entwicklungsstörungen, Verhaltens- und emotionale Störungen mit Beginn in der Kindheit und Jugend, nicht näher bezeichnete sonstige psychische Störungen.

Oh Gott, all diese Störungen und Erkrankungen mit ihren dazugehörigen Unterteilungen muss ich auswendig können. Ich habe Angst, das nicht zu schaffen, aber ich habe ja noch ein Jahr Zeit bis zur Prüfung. Bis dahin werde ich es schon kapieren. Dazu kommen dann noch die ganzen Gesetze, Pflichten, Rechte und Medikamente mit ihren Neben- und Wechselwirkungen. Aber ich wollte es ja so. Jetzt muss ich durch.

Aber es gibt auch tolle Schulungen, zum Beispiel über Sucht und Sinn, oder über Humor und Provokation in der Therapie und Beratung. Am folgenden Tag zwei Vorträge über Diagnostik der Borderline-Störung und systemische Therapie bei Persönlichkeitsstörungen. Am dritten Tag einen über psychische Veränderungen durch Corona. Ich sauge alles auf, bin wissbegierig, will Menschen verstehen lernen. Es interessiert mich einfach alles. Je mehr ich darüber lerne, desto mehr sehe ich, wie unterschiedlich wir Menschen alle ticken. Ich darf nie davon ausgehen, dass jemand so denkt wie ich, und ich werde nie denken wie ein anderer. Langsam verstehe ich immer mehr, wie wichtig Akzeptanz, Wertschätzung und wertfreies Verhalten sind.

Als Praktikantin beim KID

Zwischen der ganzen Lernerei mache ich immer mehr Bereitschaftsdienste als Praktikantin beim *KID*. Das bedeutet, ich darf mich bei einem Kollegen unseres Teams in den Dienstplan mit eintragen und in die Bereitschaft gehen. Sollte ein Einsatz kommen, darf ich mit rausfahren. Ich freue mich darauf und bin dennoch sehr unsicher. Was macht man da, was sagt man da? Hier erfahre ich dann eigentlich erst wirklich, ob ich Krisenintervention machen kann oder ob ich sagen muss: Nein, das kann ich nicht. Ich muss es auf mich zukommen lassen. Die ersten Bereitschaftsnächte verlaufen jedoch ruhig. Endlich findet auch der Grundlehrgang *PSNV* statt. Hier wird man zu einem qualifizierten Begleiter in akuten Notsituationen ausgebildet. Man trainiert durch praktische Übungen und Simulationen fast alles, auf was man dann im Dienst treffen kann. Inhalte sind zum Beispiel Grundlagen der Psychosozialen Akuthilfe, der Psychotraumatologie, der ressourcenorientierten Stressbewältigung sowie der Psychohygiene. Auch die Kommunikation unter erschwerten Bedingungen, die Auseinandersetzung mit Tod und Trauer, Kultur und Spiritualität sowie konkrete Betreuungssituationen stehen auf dem Programm. Rollenspiele auch, aber darauf habe ich ehrlich gesagt gar keinen Bock.

Aber vielleicht bekomme ich jetzt mehr Sicherheit, wie ich mit betroffenen Menschen im Einsatz umgehen soll, was man sagt und was nicht. Der Lehrgang ist Samstag und Sonntag immer ab neun Uhr. Es ist sehr anstrengend, weil ich montags gleich wieder zur Schule muss, aber ich will das unbedingt durchziehen.

Außerdem fahre ich nach Frankfurt zur Jahreshauptversammlung von *Trees of Memory*, danach geht zu Hause alles seinen normalen Gang: arbeiten, zur Schule gehen, Bereitschaftsabende beim Roten Kreuz. Dazwischen wieder eine Jahrestagung der *NaSPro* und Sitzungen der Steuerungsgruppe. Dann wieder ein Online-Meeting mit *Trees of Memory* und so weiter.

Immer wieder fragen mich Leute: »Warum machst du so viel? Vor was läufst du davon?« Es stimmt, ich arbeite sehr viel und teilweise ohne Pausen, aber ich brauche das auch. Ich empfinde das nicht als Davonlaufen. Mir ist ohne Beschäftigung einfach nur langweilig. So war ich schon immer und seit Timos Tod bin ich noch schlimmer als vorher, denn ich will in meinem Leben noch so viel machen und noch so viel erreichen.

Stress ist ja auch nicht gleich Stress. Hier gibt es große Unterschiede. Eustress ist positiver Stress, der motiviert, mobilisiert und glücklich macht, zum Beispiel durch eine Herausforderung, die spannend ist. Aber es gibt auch Disstress, das ist negativer Stress, der den Körper und die Psyche schwächt. Disstress hingegen entsteht durch regelmäßige, zu hohe Belastung, die den Menschen überfordert, wodurch sich eine Handlungsunfähigkeit und Hilflosigkeit einstellt. Er hat einen blockierenden und hemmenden Effekt, wodurch Probleme nicht mehr rational angegangen werden können. Man muss sich selbst schon immer im Blick haben, um abzuwägen: Welchen Stress habe ich?

Meine Arbeit im Studio, mein ehrenamtliches Engagement und meine ganzen Aus- und Weiterbildungen verursachen bei mir definitiv Eustress! Mir geht es so gut dabei, ich kann es gar nicht beschreiben. Ich habe immer das Gefühl, dass Timo an meiner Seite steht. Besonders bei den *KID*-Einsätzen. Ich fühle irgendwie, dass er seine Empathie auf mich übertragen hat.

MEIN ERSTER SUIZID-EINSATZ

Ich frage mich immer, wie es mir wohl geht, wenn ich zu meinem ersten Suizid-Einsatz muss. Tatsächlich ist es bald so weit. Conny ist erste Einsatzkraft. Wenn der Melder geht, muss sie in der Leitstelle anrufen und sich darüber informieren, was passiert ist, und wo wir hin müssen, damit wir wissen, was auf uns zukommt. Danach ruft sie die zweite Einsatzkraft an und gibt die Infos weiter, in diesem Fall bin das ich als Praktikantin.

Conny sagt mir, dass wir suizidhinterbliebene Eltern betreuen müssen, und fragt, ob ich wirklich mitfahren möchte, da es auch noch ein Schienensuizid war. Ich sage ja. Im Auto fragt sie mich noch mal: »Bist du dir sicher, dass du das packst?«

Ich antworte: »Keine Ahnung, aber ich habe ein gutes Gefühl.« Sie erzählt mir, dass sie noch nie einen solchen Fall hatte, Aber ich bin sicher: Das schaffen wir.

Als wir ankommen, setzen wir uns zu den Eltern und deren Söhnen an den Tisch. Meine anfängliche Unsicherheit verfliegt sofort. Ich fühle mich sicherer denn je, mehr als bei einem häuslichen Tod. Wahrscheinlich deshalb, weil ich mich einfach mit Suizid auskenne und dadurch eine wahnsinnige Selbstsicherheit verspüre.

Die Eltern fangen gleich an zu erzählen, was passiert ist. Ich schweige und höre nur zu, weil ich weiß, wie wichtig es ist, alles zu erzählen. Conny fragt hin und wieder etwas, ich halte mich zurück. Irgendwann sind die Eltern fertig und ich steige mit ins Gespräch ein. Conny sagt während des ganzen Einsatzes nicht mehr viel, weil sie spürt, was für einen Zugang ich zu den Eltern bekomme.

Die Mutter vergießt ab und an mal ein paar Tränen, aber nicht wirklich. In diesem Schockzustand können viele Eltern noch nicht weinen. In den ersten Stunden ist kaum Trauer vorhanden, weil sie noch gar nicht begreifen können, dass ihr Kind tot ist.

Da ist es in der Selbsthilfegruppe schwieriger auszuhalten, wenn der Suizid schon einige Zeit her ist und die Eltern tief trauern. Da verdrücke ich mir auch manchmal eine Träne. Aber hier, in dieser Akut-Situation, komme ich mir vor, als wäre ich eiskalt. Es ist, als würde ich mich komplett abschotten. Ich bin schon empathisch, habe Mitgefühl und kann alles verstehen, was die Familie sagt, aber es macht nichts mit mir. Vielleicht ist es mein Unterbewusstsein, das automatisch sagt: Abgrenzen!

Ich habe trotzdem das Gefühl, dass ich den Eltern wirklich helfen kann, allein durch die Worte, bei denen sie spüren, dass ich weiß, wovon ich spreche. Und vielleicht auch gerade deshalb, weil ich so eine ruhige Ausstrahlung habe und somit etwas Sicherheit vermitteln kann. Nach dem Einsatz fragt mich Conny, warum ich den Eltern nicht gesagt habe, dass auch ich meinen Sohn durch Suizid verloren habe. Ich antworte darauf nur, dass sie dies durch meine Worte schon gespürt haben.

Obwohl sie erst Angst hatte, mich mitzunehmen, war Conny im Endeffekt froh, dass ich dabei war. Den einzigen Kritikpunkt, den sie gefunden hat war: »Du fährst zu schnell Auto!« Man sieht, dass man auch beim *KID* Späße machen darf, denn sonst würde man nicht aushalten, was man in den Einsätzen manchmal erlebt.

Am nächsten Tag ruft mich Rolf an und fragt, wie es mir geht und wie ich den Einsatz am Vortag gepackt habe. Es ist der Hammer, wie innerhalb des *KID* aufeinander geachtet wird. Ich sage ihm, dass es mir sehr gut geht und ich den Einsatz als einfach empfunden habe. Ich finde, der Einsatz ist super gelaufen und diese Erfahrung hat mich noch mehr bestärkt, im *KID* zu sein und diese Menschen zu begleiten.

Ich gehe immer öfter mit zu Einsätzen. Ich halte mich noch sehr zurück und beobachte mehr die erfahrenen Kollegen. Ich gehe oft mit Gerti raus, von der ich unheimlich viel lerne. Sie ist schon über 20 Jahre im Dienst und weiß genau, wie alles abläuft und wie sie mit den Angehörigen umgehen muss. Man spürt diese Erfahrung einfach. Ich hoffe noch auf ganz viele Einsätze mit ihr. Alles, was sie sagt, sauge ich auf wie ein Schwamm und versuche, mir alles zu merken. Wir hören den Angehörigen ja nicht nur zu, sondern beantworten auch Fragen, wie es nun weitergeht, über die rechtlichen Dinge und alles, was die Beerdigung betrifft.

Wenn man bedenkt, wie der Start zwischen Gerti und mir war, ist es unglaublich, wie sich unsere Beziehung bis heute entwickelt hat. Mittlerweile haben wir uns richtig lieb und ich bin unheimlich stolz darauf, ihre Kollegin sein zu durfen.

Ich denke in Einsätzen nie an Timo, das wäre wahrscheinlich auch der größte Fehler, den ich machen könnte. Ich ziehe keinerlei Verbindung zwischen ihm und dem, was ich in den Familien erlebe. Ich denke auch nicht daran, wie der *KID*-Einsatz bei mir selbst gewesen ist, da ich diesen ja abgeblockt hatte, durch den Satz: »Jetzt brauche ich euch auch nicht mehr!«

Das Einzige, was ich immer im Hinterkopf habe, ist: Wenn wir mal eine Todesnachricht überbringen müssen und niemanden der Angehörigen erreichen, werde ich nicht aufgeben, bis sich jemand finden lässt. Nicht, dass es bei jemand anderem so passiert, wie es bei mir war und die Eltern selbst bei der Polizei anrufen und nachfragen müssen, ob es ihr Kind war. Das werde ich nie vergessen. Sogar wenn die Polizei sagen würde, wir brechen hier ab, würde ich dagegen sprechen und weiter bohren, bis sie jemanden finden.

Man darf sich bei solchen Einsätzen übrigens nicht über komische Reaktionen wundern. Ich habe einmal erlebt, dass ein Sohn einem Vater vor seinem Suizid geschrieben hatte, er solle das Erbe ausschlagen, da er so verschuldet sei. Der Vater sagte nur: »Aber das Auto möchte ich schon haben!« Sowas wirkt erst mal absurd, ist aber völlig normal. Das ist die Phase des Nichtwahrhabenwollens. Es bedeutet einfach nur, dass die schlimme Nachricht noch gar nicht bei dem Betroffenen angekommen ist. Ich habe das auch in *Dark Way* beschrieben, als ich dachte, der Kripo-Beamte sieht aus wie Harald Glööckler. Klar wundern sich später alle: Wie konnte der Angehörige das bei der Todesnachricht nur denken oder sagen? Aber solche merkwürdigen Gedanken sind in diesem Schockzustand wirklich völlig normal.

TASSILO ZIEHT AUS

Tassilo erzählt uns, dass er die Wohnung über seiner Schrauberhalle haben könnte. Sie ist riesengroß und hat einen fairen Preis. Er fragt mich, ob es okay wäre, wenn er auszieht.

Ich antworte: »Natürlich ist das okay, geh deinen Weg.«

Er sagt dann etwas, was ich total süß finde: »Aber nicht, dass du das Haus nimmer bezahlen kannst«, weil er ja einen kleinen Anteil dazu steuert. Ich schmunzle und sage: »Bis du deine Lehrzeit beendet hattest, haben wir es auch alleine bezahlt, also mach dir keine Sorgen.«

Ich freue mich für ihn, es ist einfach was anderes, ob man im Haus seiner Eltern lebt oder separat. Es gehört zum Leben dazu und ich finde es nicht schlimm. Er zieht aber zum Glück auch nur 500 Meter weit weg.

Jürgen meint, er hätte nicht gedacht, dass es mir so leichtfällt, wenn Tassilo mal geht, gerade deshalb, weil auch Timo nicht mehr da ist. Aber dieses Loslassen kann ich. Wir haben ein super Verhältnis, sind nur ein paar Meter auseinander und jeder ist für den anderen da, wenn er ihn braucht. Das ist einfach nur toll.

Tassilo ist jetzt groß und es war klar, dass es irgendwann so weit ist. Wäre das allerdings in den ersten zwei Jahren nach Timos Tod so gekommen, hätte ich es wohl nicht ausgehalten, da es mir vorgekommen wäre, als würde ich meinen zweiten Sohn auch noch verlieren.

Aber jetzt, nach all der Zeit, gibt es kein weinendes Auge. Ich freue mich einfach für ihn und ehrlich gesagt auch ein bisschen für mich, weil ich jetzt viel mehr Platz und Ruhe habe. Er ist nämlich immer wie ein Elefant durch seine Wohnung getrampelt :-)

Nach seinem Auszug ist Tassilo übrigens mehr daheim als vorher. Als er noch oben wohnte, sah ich ihn oft zwei Wochen lang nicht. Nun steht er jeden Tag da und fragt Mama dies und Mama jenes. Bis ich lachend zu ihm sage, ob er schon weiß, dass er hier nicht mehr wohnt.

Sanitätsausbildung und EMDR

Endlich beginnt die Sanitätsausbildung vom *KID*, sie geht über vier komplette Wochenenden und ist wie ein riesiger Erste-Hilfe-Kurs, in dem man alles noch detaillierter lernt. Es kommen auch neue Sachen dazu wie Blutdruck messen, Puls fühlen, einen Tubus legen, eine Infusion vorbereiten und vieles mehr. Es ist hochinteressant, aber ich fühle mich nicht als Sanitäterin, das ist einfach nicht meins. Die Prüfung bestehe ich trotzdem und ich hoffe, dass ich im Notfall noch alles abrufen könnte.

Damit die Reanimation auf jeden Fall sitzt, besuche ich jedes Jahr beim Roten Kreuz den Bereitschaftsabend, in dem alles wiederholt wird, damit man es nicht vergisst. Gerade das Reanimieren ist heftig. Es wird nachgestellt wie in der Realität, natürlich mit Puppe, aber genau so, wie es wirklich abläuft. Mit Defibrillator, Beatmung mit und ohne Bebeutelung... Man glaubt gar nicht, wie anstrengend es ist, wenn man das länger durchziehen muss.

Ich entscheide mich dazu, auch eine Zusatzausbildung in *EMDR* zu machen. Das steht für *Eye Movement Desensi-*

tization and Reprocessing, auf Deutsch Desensibilisierung und Verarbeitung durch Augenbewegung. Dr. Francine Shapiro (USA) entwickelte diese Psychotherapieform zur Behandlung von Traumafolgestörungen Ende der 1980er-Jahre. Eine *EMDR*-Sitzung ist vergleichbar mit einer Zugreise: Die Patienten fahren noch einmal an dem Geschehen vorbei – aber aus sicherer Distanz und in Begleitung ihres Therapeuten. Im weiteren Verlauf der Sitzung verblasst die belastende Erinnerung Stück für Stück und die Symptome des Traumas werden aufgelöst. Es ist ein wissenschaftlich anerkanntes Verfahren.

Warum es so wirksam ist und was es genau macht, kann bis heute keiner wirklich beantworten. Es wird vermutet, weil es die REM-Phase im Schlaf nachstellt, in der viel verarbeitet wird. Das ist aber nicht erwiesen. Tatsache ist, dass es funktioniert, und das ist tatsächlich auch wissenschaftlich erwiesen. Deshalb wird es, im Gegensatz zu vielen anderen Therapieverfahren, von der Krankenkasse bezahlt.

Ich habe nach Timos Tod selbst zwei *EMDR*-Sitzungen gemacht, und es hat mir total geholfen. Auch von einigen anderen Betroffenen habe ich schon gehört, wie hilfreich es für sie war.

Ich kann mich nur noch vage dran erinnern. Als meine Therapeutin mir damals den Vorschlag gemacht hat, dachte ich: Pfff ... Wie soll denn sowas helfen. Aber ich probierte alles aus, damit es mir irgendwie wieder besser ging. Also starteten wir mit einem nicht so belastenden Thema, um zu sehen, wie ich darauf reagiere. Ich fand es komisch, wenn die Therapeutin ihren Arm mit den Fingern hin und her bewegte und dachte wieder: Was soll das bringen. Es war auch gar nicht so einfach, mich permanent auf die bewegenden Finger zu konzentrieren. Aber ich machte einfach alles, was sie sagte, und war verblüfft, weil am Ende die leicht belastende Situation überhaupt nicht mehr belastend war. Danach machten wir das noch zweimal mit einer Situation, die sehr belastend war in Verbindung mit Timo. Da flossen mal Tränen, mal lachte ich. Die Gedanken sprangen einfach hin und her, wie sie wollten. Es funktionierte. Es ging mir danach viel besser. Das fand ich so faszinierend, dass ich mich jetzt auf diese Therapie spezialisieren will.

Auch mein Freund, der angeschossen wurde (darüber habe ich in *Dark Way* erzählt), ging zu mehreren *EMDR*-Sitzungen, da er traumatisiert war. Er hatte Flashbacks, teilweise sogar während des Autofahrens. Auch ihm half diese Therapie sehr und er kann heute wieder ein normales Leben ohne Einschränkungen führen.

Als Hospitantin im KID

Es gibt noch eine Neuigkeit: Ab jetzt muss ich nicht mehr als Praktikantin im *KID*-Dienst mitfahren. Ich bin durch den Start des Fachlehrgangs zur Hospitantin aufgestiegen, komme einem meiner Ziele also wieder einen Schritt näher. Unter der Woche schiebe ich vormittags und nachts sehr viel Bereitschaftsdienst. Ich will mehr Einsätze, damit ich dazulernen kann.

Auch die Supervisionen, die wir alle drei Monate besuchen müssen, sind sehr lehrreich. Dabei wird das eigene Handeln mithilfe eines Supervisors reflektiert, der den Blick von außen mitbringt. Dort werden die Einsätze besprochen, die jeder hatte. Man kann von den Erzählungen der anderen viel lernen und sich überlegen: Wie hätte ich das gemacht, wenn ich in dieser Situation gewesen wäre? Ich gehe sehr gerne zu den Supervisionen, auch wenn ich dafür mein Studio an diesen Tagen immer etwas früher schließen muss.

Auch online geht es nun mit der Steuerungsgruppe der S3-Leitlinie so richtig los. Es wird immer mehr, aber ich bekomme langsam einen Durchblick. Durch die Heilpraktiker-Psychotherapie Ausbildung sammle ich immer mehr Fachwissen an. Das hilft mir auch bei den Gesprächen bei der Leitlinie, bei der *NaSPro*-Steuerungsgruppe und beim *KID* weiter. Bei den Wissenschaftlern verstehe ich immer öfter, über was sie reden, und im *KID* kann ich manche Dinge einfach besser erkennen oder den Betroffenen erklären. Es bestätigt mich darin, dass es richtig war, alle Ausbildungen auf einmal zu machen, und dass sich das eine mit dem anderen sehr gut ergänzt.

EIN ZEICHEN VON TIMO

Ich bin fix und fertig. Ich fahre nach Frankfurt zur Konsensus-Konferenz. Dort geht es auch um die Leitlinie, und es nimmt von jedem Fachverband jemand teil. Insgesamt sind rund 65 Fachverbände vertreten. Es gibt teilweise lange Diskussionen. Am Ende teilen wir uns noch in verschiedene Arbeitsgruppen auf, ich bin bei den niederschwelligen Angeboten dabei.

Drei Tage später fahre ich nach Berlin zur *NaSPro*-Sitzung. Ich treffe dort das erste Mal alle Mitglieder der Steuerungsgruppe von Angesicht zu Angesicht. Das finde ich tausendmal besser, weil man anders miteinander sprechen kann. Abends gehen wir noch zusammen essen und hier finden ganz tolle Gespräche statt. Eigentlich bin ich so anders als die anderen, und dennoch verstehen wir uns sehr gut. Ich sehe viele Dinge aus einem ganz anderen Blickwinkel, da ich mehr an akuten Einsätzen dran bin und viel Kontakt mit Hinterbliebenen habe. Die Professoren nehmen mich und das, was ich sage, sehr ernst. Es gibt keinerlei Von-oben-herab, wir stehen alle auf einer Linie, das ist ein tolles Gefühl.

Am nächsten Tag geht es dann in Berlin noch auf die Jahrestagung der deutschen Gesellschaft für Suizidprävention. Die DGS will die Akteure der Suizidprävention in Deutschland vernetzen, die Forschung vorantreiben und die Öffentlichkeit informieren. Als ich höre, dass ich da sogar auf Mitglieder der WHO treffe, wird mir Angst und Bange, da mein Englisch nicht das beste ist. Meine Sorge erweist sich aber als unnötig, alle sprechen Deutsch. Mir fällt ein Stein vom Herzen. Ein Vortrag jagt den nächsten und viele Statistiken werden gezeigt. Vor allem den Vergleich mit anderen Ländern finde ich interessant. Es fasziniert mich, wie gering die Erkrankungs- und Suizidzahlen in Skandinavien sind. 1980 war Dänemark eines der Länder mit den höchsten Zahlen: 38 Suizide pro 100.000 Einwohner mit einem Alter über 15 Jahren. Durch gezielte Maßnahmen zur Suizidprävention begann die Rate zu sinken und liegt nun seit 2007 bei 11,4 Suiziden pro 100.000 Einwohner. Daran sieht man, wie Prävention die Rate senken kann. Ich muss mich unbedingt mehr mit diesen Ländern beschäftigen und herausfinden, warum die Menschen dort so glücklich sind und was dort anders läuft als in Deutschland.

Am nächsten Wochenende ist wieder Tattoo-Convention, das bedeutet, es gibt keinen freien Tag für mich, sondern ich arbeite die nächsten zwei Wochen durch. Am Sonntag muss ich mich von der Convention abseilen. Ich lasse Jürgen mit unserem Tätowierer alleine dort, da ich nach Biberach muss, um eine Baumpflanzung für *Trees of Memory* durchzuführen. Leider kann das niemand anders vom Verein übernehmen und ich bin ja nur 60 Kilometer entfernt. Also übernehme ich es und halte eine Rede, die mir aber, Gott sei Dank, Iris vorbereitet hat. Ich musste nur noch kleine Änderungen vornehmen.

Am Abend kommt dann noch die Preisverleihung auf der Convention. Ich freue mich, aber bin fast zu platt, um das zu zeigen. Ich denke bereits daran, dass ich ja gleich alles ins Auto und im Studio wieder ausladen muss. Das muss heute noch sein, da ich am Montagmorgen in die Schule fahren muss.

Und es kündigt sich schon wieder ein volles Wochenende an, denn da habe ich einen Teil des *PSNV*-Fachlehrgangs zu absolvieren. Das bedeutet, es gibt immer noch keinen freien Tag für mich und ich arbeitete die vierte Woche komplett ohne Pause durch. Dazu kommen die Bereitschaftsdienste und Einsätze im *KID*. Es ist alles verdammt anstrengend und ich komme langsam an meine Grenzen.

In der Schule schlafe ich fast ein. Da fühle ich irgendwie einen Druck von hinten. Keine Ahnung, was das ist, wahrscheinlich Einbildung. Aber ich höre in meinem Kopf, wie Timo zu mir sagt: »Mama, halt durch, du machst das jetzt, es ist wichtig.« Ich denke: Bin ich doof, oder was? Aber ich setze mich auf, atme durch und mache weiter. Und es geht mir plötzlich alles wieder wie von selbst von der Hand.

Ob ich mir das einbilde oder ob es wirklich so ist, weiß ich nicht. Aber eigentlich ist mir das auch egal. Es fühlt sich gut an, weil ich das Gefühl habe, dass Timo bei mir ist und mich unterstützt, und es gibt mir die Kraft, weiterzumachen.

Nach Timos Suizid habe ich oft darüber nachgedacht, ob es einen Gott gibt, oder sonst irgendetwas nach dem Tod. Timo sagte mir mal etwas, das mir erst Jahre später wieder einfiel. Er wolle ja Astrophysik studieren, und da gab es einen Abend, an dem wir über das Weltall sprachen. Dann kam das Gespräch darauf, ob es Leben auf anderen Planeten gibt.

Er sagte: »So abwegig ist das nicht, wir machen uns gar keine Begriffe davon, wie groß dieses Weltall ist. Es muss etwas nach dem Tod geben.«

Ich guckte ihn an wie ein Auto und sagte: »Dein Ernst?« Ich war bis dato so eingestellt, dass nach dem Tod einfach nichts mehr kommt.

Er sagte: »Mama, das ist eigentlich wissenschaftlich erwiesen.« Ich schaute noch skeptischer.

Also erklärte er mir: »Ein Mensch hat zwischen 100 und 400 Watt Energie, je nachdem, was er gerade macht, und es ist nun mal wissenschaftlich erwiesen, dass man Energie nicht auflösen kann, sondern nur umwandeln.«

Da hat er wohl recht gehabt. Meine Schlussfolgerung daraus: Es muss was geben. Keine Ahnung was, aber seither glaube ich, dass seine Energie immer um mich ist und er nie ganz weg ist. Das hat mir persönlich sehr über die Trauerphasen geholfen.

Am Wochenende ist Jürgen nicht da, er ist auf einer Grillmeisterschaft. Ich löse meinen Geburtstagsgutschein ein und fahre mit einem US-Truck in einer Kiesgrube offroad. Dafür hat meine ganze Familie zusammengelegt. Tassilo ist auch dabei. Es macht richtig Spaß, so ein Riesenteil zu fahren.

Ich genieße es, zu Hause mal allein zu sein. Das war ich schon Ewigkeiten nicht mehr. Ich nehme mir ein Buch und setzte mich zum Lesen in die Badewanne. Ich kann gar keinem sagen, was für ein unbeschreiblich schönes Gefühl das ist. Dazu bin ich schon so lange nicht mehr gekommen. Wenn das Wasser kälter wird, lasse ich einfach wieder heißes Wasser nachlaufen. Ich bleibe eineinhalb Stunden drin. Herrlich!

Wie aufgeladen stieg ich aus der Wanne und es geht mir richtig gut. Ich bin megastolz auf mich, was ich alles in den letzten Wochen geschafft habe, und auch richtig zufrieden. Auch das Gefühl, dass Timo bei mir ist und mir Antrieb gibt, macht mich glücklich.

Fast geschafft

Der *PSNV*-Fachlehrgang macht richtig Spaß. Das hätte ich nicht gedacht, weil Rollenspiele vorkommen, die ich eigentlich hasse. Aber man sollte einfach immer unvoreingenommen an Dinge rangehen.

Je nachdem, wie man sich anstellt, werden einem bei der *KID*-Ausbildung eine bestimmte Anzahl an Hospitationen zugeteilt. Das bedeutet, ich muss mindestens zehn Mal mit einem meiner *KID*-Kollegen Einsätze fahren und danach den Bericht darüber schreiben. Rolf sagt, dass man im Schnitt ein Jahr dafür braucht. Von da an trage ich mich noch öfter in den Dienstplan ein. Ich will so schnell wie möglich eine vollwertige *KID*´lerin sein.

Ich fahre mit bei häuslichem Tod nach Reanimation, zu Unfällen, Überbringungen von Todesnachrichten und auch Suiziden. Ich muss zugeben, dass ich richtig Freude an dieser Aufgabe habe. Bestimmt denken jetzt viele: Wie kann man Freude empfinden, wenn man zu so schlimmen Einsätzen muss? Das kann ich erklären.

Klar sind die Umstände, wegen derer das *KID* kommt, nicht toll. Wenn ich aber sehe, wie hilflos die Menschen in diesen schlimmen Momenten sind, und ich die Chance bekomme, ihnen zu helfen, dann freut mich das. Denn ich kann eine wertvolle Arbeit für sie leisten. Das gibt mir unheimlich viel.

Im Herbst beginnt die ruhigere Jahreszeit, was meine ehrenamtlichen Aufgaben betrifft. Diese Zeit will ich nutzen, um mehr zu lernen, denn im Frühjahr steht meine Prüfung zur Heilpraktikerin für Psychotherapie an.

Ich hasse es eigentlich, wenn es so ruhig ist. Es fallen neben meiner normalen Arbeit nur ein paar Online-Meetings an, das ist mir fast zu wenig. Ich schiebe also mehr Dienst im *KID*, damit ich meine zehn Hospitationen so schnell wie möglich voll bekomme. Ich denke oft drüber nach, dass bestimmt mal ein Einsatz kommt, den ich nicht schaffe und dann eine Ablöse anfordern muss. Bisher ist mir das nie passiert, aber ich rechne immer damit. Ende Januar 2023 bin ich dann mit meinen Hospitationen durch und endlich eine vollwertige *KID*'lerin. Ich bin so froh, dass die erste Ausbildung abgeschlossen ist.

Die Heilpraktiker-Schule habe ich auch fast fertig. Nun liegt es an mir, den Rest muss ich mir allein beibringen. Viel Fachliteratur lesen, Dokumentationen oder Videos mit erkrankten Menschen anschauen. Man kann Krankheiten viel besser verstehen, wenn Betroffene von sich erzählen, als wenn man es nur im Fachbuch liest. Solltet ihr mal eine betroffene Person um euch haben und ihr versteht nicht, wie derjenige sich fühlt oder wie sich die Krankheit äußert, schaut mal auf Youtube. Dort gibt es so viele Betroffene, die über sich sprechen, oder Dokumentationen, durch die man ein besseres Bild von der jeweiligen Erkrankung bekommt.

Ganz ehrlich: Wenn ich gewusst hätte, wie schwer die Heilpraktiker-Ausbildung ist, hätte ich sie nicht angefangen. Es ist brutal, welch breites Wissensspektrum dort anfällt, und das teilweise über Krankheiten, mit denen ich nie zu tun haben werde. Aber natürlich kann es sein, dass jemand zu mir in die Praxis kommt und eine Erkrankung hat, die ich nicht behandeln kann oder darf. Dann muss ich alles wissen, was im ICD-10 steht, damit ich ihn an den richtigen Arzt weiterverweisen kann.

Im März ist Prüfung und ich lerne fleißig. Fast jeden Abend ziehe ich mich ins Büro zurück und büffle dort. Alle Wände zu Hause und im Studio-Büro sind komplett zugepflastert mit riesigen Plakaten und Ausdrucken.

Eine Bekannte, die im Studio zur Toilette muss, läuft durchs Büro und meint dann: »Da muss man ja krank werden, wenn man das alles liest.« Es hängt mir auch schon zu den Ohren raus. Ich treffe mich einmal wöchentlich mit Steffi und Susanne zum Lernen. Wir gehen im März alle drei gemeinsam in die Prüfung und das Zusammenarbeiten hilft ungemein. Wie soll ich das alles schaffen? Ich habe immer das Gefühl, es reicht nicht, was ich lerne.

Ich muss abends mal wieder raus, brauche Luft, die mir der schwere Stoff nimmt. Also fahre ich mit meinen Mädels Ziggi und Corinna nach München zu einem Mixed-Martial-Arts-Boxkampf. Kaum zurück zu Hause, geht der normale Wahnsinn weiter. Ich höre sogar Podcasts über Psychologie und Psychotherapie zum Einschlafen.

DIE HEILPRAKTIKER-PRÜFUNG

Am 15. März ist es so weit: Die schriftliche Heilpraktiker-Prüfung in Augsburg steht an. Ich bin eigentlich relativ ruhig. Susanne und Steffi sind schon da und sitzen auf ihren Plätzen. Der Raum sieht aus wie eine große Sporthalle, in der die Tische nebeneinander aufgestellt sind. Ungefähr 30 Prüflinge sind da und jeder sitzt allein an einem Tisch. Die Prüfungsbögen sind in zwei unterschiedliche Farben unterteilt, sodass nur jeder zweite Prüfling die gleichen Fragen hat und man nicht abschreiben kann. Ich hoffe, dass wir alle drei durchkommen.

Für die Prüfung, die aus 60 Multiple-Choice-Fragen besteht, brauche ich etwa 45 Minuten. Ich finde sie gar nicht so schwer und bin eine der Ersten, die fertig ist. Keine Ahnung, ob das ein gutes oder schlechtes Zeichen ist. Ich brauche jetzt eine Zigarette. Also gehe ich raus und mir fällt ein Stein vom Herzen, dass ich die Prüfung endlich hinter mir habe.

Nach und nach kommen auch die anderen Prüflinge raus und diskutierten heiß über die Fragen. Steffi und Susanne vergleichen mit mir ihre Antworten. Boah, bestanden mit einem Fehler. Gott sei Dank!

Gleichzeitig kommt aber die Angst vor der mündlichen Prüfung, die in ein paar Wochen stattfinden wird. Diese wird für mich viel schlimmer, das weiß ich, weil ich mündliche Prüfungen hasse. Das bedeutet noch mehr lernen. Ich lasse dafür im Studio und im Onlinehandel alles schleifen, mache nur das Nötigste.

Ende März habe ich wieder einen Kontrolltermin beim Lungenfacharzt. Nach dem Röntgen und den ganzen Tests sagt der Arzt, dass meine Krankheit immer noch schläft und somit im Griff ist. Jedes Mal habe ich Angst vor dem Ergebnis, wenn ich dort hin gehe und bin mehr als erleichtert, wenn ich dann Entwarnung bekomme.

Ich lerne, was das Zeug hält. In einer Online-Schule mache ich noch ein zusätzliches Wochenendseminar zur Prüfungsvorbereitung. Jürgen sieht mich kaum noch. Wenn ich von der Arbeit nach Hause komme, gehe ich nach dem Essen sofort nach oben ins Büro zum Lernen. Wenn ich wieder runterkomme, schläft er meistens schon. So geht das nun seit Monaten. Ich bin nur froh, wenn das alles vorbei ist, und ich denke, er auch.

Anfang Mai fahre ich mit *Trees of Memory* wieder auf die Messe »Leben und Tod« nach Bremen. Schwerpunkt ist in diesem Jahr das Thema Suizid und ich platziere *Dark Way* am Stand. Die Messe läuft toll und die Bücher gehen weg wie warme Semmeln, die meisten mit Signatur. Am zweiten Messetag kommt eine Dame an den Stand und fragt, ob ich kurz zu ihr rauskommen kann. Sie nimmt mich einfach in den Arm und bedankt sich tausendmal dafür, dass ich dieses Buch geschrieben habe. Sie hat es gestern gekauft und am Abend gleich komplett durchgelesen. Sie sagt, es hat ihr so viel gebracht und ihr richtig geholfen. Das sind Momente, die sich unheimlich gut anfühlen.

Endlich findet die mündliche Heilpraktiker-Prüfung statt. Ich will es einfach nur noch hinter mir haben. Diese

Lernerei geht mir echt auf den Nerv. Ich hoffe nur, dass ich bestehe, denn wenn nicht, dann muss ich im November beide Prüfungsteile wiederholen. Das packe ich nicht noch mal!

Mir werden drei Fragen über die Schulmedizin gestellt, die ich schlichtweg nicht weiß. »Das ist jetzt wohl nicht so gut gelaufen, drei Fragen falsch beziehungsweise unbeantwortet, da brauchen wir nicht weitermachen«, sagt eine Prüferin und schickt mich raus. Das war's. Diese drei Fragen reichen, um durchzufallen? So eine Scheiße. Ich koche vor Wut. Ich bin stinksauer auf mich selbst und auf die Prüfer, weil sie so blöde Fragen gestellt haben. Ich dreh durch. Jetzt muss ich wieder ein ärztliches Attest holen und ein neues polizeiliches Führungszeugnis beantragen, um mich für die November-Prüfung anzumelden. Am meisten kotzt mich an, dass ich mein schwer erlerntes Wissen nun monatelang auf diesem Level halten muss. Ich mache aber erst mal sechs Wochen Pause vom Lernen, ich kann einfach nicht mehr.

Steffi und Susi bestehen beide. Niemand kann glauben, dass ich es nicht geschafft habe. Irgendwer hat mir mal gesagt, dass man diese Prüfung im Schnitt zwischen drei und fünf Mal machen muss, bis man sie besteht, da sie so schwer ist. Das ist natürlich sehr motivierend ...

Ich treffe mich weiterhin mit den beiden. Nicht mehr wöchentlich, aber immer wieder mal. Das wollen wir auch so beibehalten, da wir es wie eine Supervision nutzen können. Manchmal sieht man auch als Therapeutin den Wald vor lauter Bäumen nicht mehr und kann seine Kollegen dann um Rat fragen. Zudem wollen wir in völlig verschiedene Richtungen gehen. Steffi möchte Meditation, Achtsamkeit und tiergestützte Therapie draußen machen. Susanne geht eher in Richtung Kunst- oder Gestalttherapie, und ich will in die Traumatherapie gehen.

Weil mein Führungszeugnis zu spät kommt, verpasse ich die Anmeldefrist für November und werde erst zur Prüfung im März 2024 zugelassen. Ich könnte heulen. Ich rufe an, aber mir wird gesagt, dass die Prüfung im November bereits voll ist. Nichts zu machen. Nun muss ich mein Wissen ein ganzes Jahr lang halten und weiter lernen. Ich könnte heulen.

SCHIENENSUIZID BEIM KID

Mittlerweile war ich ja schon bei einigen Suizid-Einsätzen vom *KID*. Ich sagte immer mal wieder zu Jürgen: »Ich bin gespannt, wann mal jemand, den ich betreut habe, in die Selbsthilfegruppe von *AGUS* kommt.«

Bald darauf ist es so weit. Es kommen sogar zwei Leute aus unterschiedlichen Einsätzen. Sie erkennen mich wieder und sagen in der Gruppe, wie gut es war, dass wir da waren, und wie sehr es ihnen in diesen Momenten geholfen hat.

Normalerweise erfahren oder hören wir nie wieder was von den Angehörigen. Wenn ein Einsatz vorbei ist, schreiben wir einen Bericht drüber und das war's. Keine Ahnung, wie es den Betroffenen weiter ergeht und ob das, was ich dort mache oder sage, den Angehörigen wirklich hilft. Wahrscheinlich ist das auch gut so, weil man sonst zu nah dran ist.

Einmal bekam ich - noch als Hospitantin beim *KID* - einen Einsatz zur Überbringung einer Todesnachricht nach einem Verkehrsunfall. Wir fuhren hin und trafen auf einen 14-jährigen Jungen und dessen Opa, denn seine Oma bzw. Frau war bei dem Unfall ums Leben gekommen. Während des Einsatzes stellte sich heraus, dass sein Vater ein flüchtiger Bekannter von mir war. Ihn traf ich bei dem Einsatz nicht an. Trotzdem drehte sich in diesem Moment der Einsatz für mich komplett in eine andere Richtung.

Ich merkte, wie er mich viel mehr beschäftigte, als andere Einsätze, und ich dachte auch danach noch einige Zeit darüber nach. Er belastete mich zwar nicht mehr als die anderen Einsätze, dennoch war er anders, weil ich einfach mehr darüber nachdachte, wie es meinem Bekannten und seinen Sohn wohl geht. Übrigens hat sich aus diesem Einsatz eine enge Freundschaft entwickelt – mal wieder ein Beweis dafür, dass aus etwas Negativem auch etwas Positives entstehen kann.

Es kommt, wie es kommen muss: Den nächsten Schienensuizid habe ich direkt am Bahngleis, wo es passiert ist. Dort soll ich den Lokführer betreuen, weil der Zug noch an Ort und Stelle steht.

Ich hatte immer Respekt davor, dass sowas kommen kann, aber jetzt habe ich kein schlechtes Gefühl. Ich denke nur: Der Lokführer braucht mich jetzt. Also fahre ich zum Einsatzort. Ich laufe am Gleis entlang, steige in den Zug und gehe direkt zum Lokführer. Wir sprechen eineinhalb Stunden miteinander und er erzählt mir, was und wie es genau passiert ist, was er gesehen und gefühlt hat.

All das finde ich nicht belastend. Im Gegenteil, ich habe sehr viel Mitgefühl für ihn, da es furchtbar sein muss, an seiner Stelle zu sein. Ein Lokführer hat in dem Moment keine Chance und wird bei einem Schienensuizid unfreiwillig Beteiligter.

Auch bei Timos Tod dachte ich oft an den Lokführer und war damals sehr froh darüber, dass man nicht genau wusste, welcher Zug es war. So musste sich der Lokführer keine Vorwürfe machen, weil er es schlichtweg nicht wusste. In Deutschland ist der Schienensuizid eine der häufigeren Suizidmethoden. Im Jahr 2023 starben 690

Menschen daran. Dazu kommen 97 Suizidversuche, die nicht tödlich endeten. Die Betroffenen sind mit 64 % überdurchschnittlich häufig männlich. Das hat den Grund, dass Männer oft eine sichere Suizidmethode wählen. Man sagt, dass ein Lokführer in seiner beruflichen Laufbahn durchschnittlich zwischen drei und sieben Schienenunfälle mitmachen muss. Das sind nicht nur Suizide, sondern auch manchmal einfach Unfälle, dennoch ist dies immer eine belastende Ausnahmesituation für die Lokführer.

Es ist gut, zu sehen, wie sich der Lokführer wieder etwas fängt. Ein Ersatzmann trifft ein und fährt den Zug weiter. Ich kläre den Lokführer noch auf, worauf er in nächster Zeit achten muss: Albträume, Schlafstörungen, Gefühle der Leere, Betäubung, Angst, Hilflosigkeit, übermäßige Schreckhaftigkeit oder auch Flashbacks.

Das sind blitzartige Rückblenden mit einer Intensität, die weit über normale Erinnerungen hinausgehen. Man ist gefühlt wieder genau in der Situation, in der man sein Trauma erlebt hat. Da bei Flashbacks die Gefahr einer Retraumatisierung sehr groß ist, ist es wichtig, sie zu unterbrechen. Ich sage ihm, wenn er irgendwas von diesen Dingen bei sich feststellt und diese nicht nach ein bis zwei Wochen wieder abklingen, soll er dringend einen Arzt aufsuchen. Sonst können sie zu einer Erkrankung, zum Beispiel einer posttraumatischen Belastungsstörung, führen. Auch dann, wenn er den Eindruck hat, das belastende Ereignis nicht alleine bewältigen zu können, wäre professionelle Unterstützung der richtige Weg. Er kann aber auch selbst etwas tun, um seine Psyche zu entlasten, wie zum Beispiel sich Ruhe gönnen, Zeit für Bedürfnisse nehmen, Unterstützung im Familien- und Freundeskreis oder bei professionellen Helfern in Anspruch nehmen, oder sich durch Aktivitäten ablenken.

Die Bahn sorgt nach so einem Vorfall auch sehr gut für ihre Mitarbeiter. Sie hat dafür extra eine Anlaufstelle. Der Lokführer bedankt sich mehrfach und sagt, dass er froh ist, dass ich da war.

Ich stelle mich zu den Polizisten an die Seite, damit der Zug abfahren kann, und spreche noch kurz mit ihnen. Einer fragt mich, wie ich zum KID gekommen bin. Ich erzähle ihm, dass auch ich meinen Sohn durch Schienensuizid verloren habe. Er schaut mich an und fragt: »Wie kannst du das hier machen? Zieht dich das nicht runter?«

Ich erzähle ihm, dass ich bis zu diesem Einsatz auch nicht wusste, ob ich das kann. Aber mir geht es sehr gut und es hat mir nichts ausgemacht. Ich stelle mir aber nicht vor, dass es mein Sohn hätte sein können, sondern denke in diesem Moment nur an den zu Betreuenden, der mich braucht.

In diesem Einsatz habe ich selbst eigentlich erst so richtig realisiert, wie gut ich Timos Tod mittlerweile verarbeitet habe. Ich bin sehr glücklich darüber, dass ich den Einsatz problemlos gemeistert habe, weil ich nun weiß, mich erschüttert so leicht nichts mehr.

Ich stehe den Menschen so gerne in schweren Momenten zur Seite, egal ob jemand gestorben ist, ob es gebrannt hat oder was auch immer Schlimmes passiert. Wenn das bei uns hauptberuflich möglich wäre, wäre das mein Traumjob. In München geht das zum Beispiel, aber bei uns gibt es viel zu wenig Einsätze, als dass sich das hauptberuflich rechnen würde. Manchmal kommt zwei

Wochen lang kein Einsatz, und dann haben wir wieder Wochen, in denen der Melder ununterbrochen geht. Niemand würde dafür die Kosten tragen. In einer Großstadt gibt es natürlich viel mehr Einsätze. Zudem ist es auch immer abhängig von Rettungsdienst oder Polizei, ob wir überhaupt alarmiert werden. Sind Rettungsdienst oder Polizei der Meinung, dass man keine psychosoziale Notfallversorgung braucht, werden wir auch nicht alarmiert.

Psychohygiene
Manchmal gehen die Einsätze nicht spurlos an den Helfern vorbei, daher muss ich immer darauf achten, dass ich sie gut verarbeite. Wir besprechen jeden Einsatz nach. Entweder gehen wir zusammen noch einen Kaffee trinken oder wir reden am Auto darüber. Das dient der sofortigen Verarbeitung und man kann gleich besprechen, was gut lief und was nicht. Zudem kann ich jederzeit bei Rolf anrufen, auch der hat immer ein offenes Ohr.

Auf diese Psychohygiene muss man sehr achten, denn sonst ist man irgendwann verbrannt und kann diesen Job nicht mehr machen. Natürlich hat jeder eine andere Resilienz, aber selbst, wenn diese hoch ist, wie bei mir, muss man trotzdem unheimlich auf sich aufpassen und auf seine innere Stimme hören.

Wenn ich nach einem Einsatz heimfahre, drehe ich immer die Musik im Auto voll auf und singe mit, was das Zeug hält. Es ist, wie alles rauszuschreien. Das mache ich natürlich nur, wenn ich keine Kollegen im Auto habe.

Daheim streife ich sofort die Dienstkleidung ab, damit lege ich sinnbildlich schon den größten Teil des Ballastes ab. Danach rede ich immer mit Jürgen darüber, was war und wie es mir dabei ging, und innerhalb von vierundzwanzig Stunden schreibe ich meinen Bericht, um mir den Rest noch von der Seele zu schreiben. Bis jetzt funktioniert das so gut, dass ich teilweise vergesse, was ich für Einsätze hatte, und das ist auch gut so. Ich bin also doch nicht eiskalt, was ich anfangs immer dachte, nur weil ich gut damit umgehen kann.

Aber genau das ist der Punkt. Ich kann damit umgehen. Das heißt nicht, dass ich nicht mitfühlen kann. Klar sehe ich Bilder, die nicht angenehm sind. Sie belasten mich nicht, aber vergessen werde ich sie auch nicht.

Ich habe zum Beispiel kein Problem damit, bei Einsätzen sauber zu machen. Einmal hätten bei einem blutigen Einsatz die Angehörigen durch das Blut im Flur laufen müssen, um überhaupt durchs Haus zu kommen. Da lasse ich mir einen Lappen und einen Eimer geben und mache sauber. Man muss sich nur vorstellen, wie schlimm das für die Angehörigen wäre. Sowas nehme ich dann lieber als Unbeteiligte auf mich.

Auch wenn eine Leiche länger liegt, helfe ich mit, alles einzupacken, damit es schneller geht. Klar müsste ich das nicht tun, weil es nicht in meinen Aufgabenbereich fällt. Aber ich helfe einfach mit, wo ich kann.

Einsätze, die wütend machen

Nach einem Einsatz werde ich auch mal richtig sauer. Eigentlich habe ich gar keinen Dienst, aber ich frage Gerti, ob ich mitkommen kann. Ich hatte noch nie einen solchen Einsatz und weiß nicht, was das mit mir macht. Ich fühle mich sicherer, wenn ich beim ersten Mal jemand so Erfahrenen an meiner Seite habe.

Wir gehen in den Einsatz und ich finde es nicht so belastend, wie ich gedacht hätte. Mit den Eltern kann ich sehr gut mitfühlen, denn es ist glaube ich egal, ob dein Kind mit sechs Monaten oder mit 30 Jahren stirbt. Kind bleibt Kind, und ich finde nichts schlimmer, als wenn ein Kind vor den Eltern gehen muss. Das ist einfach nicht der normale Lauf des Lebens und ich weiß, wie ein Teil von einem selbst ebenfalls stirbt. Daher habe ich immens Mitgefühl. Trotzdem schaffe ich es, das während des Einsatzes nicht zu sehr an mich ran zu lassen.

Der Kriminaldauerdienst *(KDD)* kommt bei einem Kindstod immer dazu und das Baby wird auch jedes Mal einer Obduktion unterzogen. Dies den Eltern zu erklären, ist gar nicht so einfach, da sie sich verdächtigt fühlen. Kann man auch verstehen. Sie werden ähnlich befragt wie bei einem Verhör, wobei es hier wirklich auf den einzelnen Beamten ankommt. Es gibt solche, die das ganz empathisch und human machen, und andere, da ist es wirklich wie ein Verhör.

Es sind so viele Leute an einem Kindstod beteiligt. Zuerst Rettungsdienst und Notarzt, dann kommt die Polizei dazu, dann der *KDD* und natürlich wir. Wenn man sich vorstellt, dass sich das alles zum Beispiel in einer 50-Quadratmeter-Wohnung abspielt, ist das sehr heftig. Die Angehörigen wissen gar nicht, wie ihnen geschieht. Sie sind so traurig und es kommt der ganze Tumult oben drauf. Aber auch dafür sind wir da. Um zum Beispiel die Eltern vom Geschehen erst mal auf die Seite zu nehmen, bis alle anderen mit ihrer Arbeit durch sind. Wir erklären den Angehörigen genau, was nun vor sich geht und was jeder machen muss. Das gibt ihnen mehr Verständnis und es wird etwas erträglicher, wenn man weiß, was vor sich geht.

Sie müssen zwar vor Ort und beim Geschehen bleiben, aber wir halten sie z.B. mit Gesprächen von den Ärzten, dem Rettungsdienst, der Polizei und dem *KDD* weg, damit diese ihrer Arbeit ungestört nachgehen können. Wenn das Kind oder der Verstorbene zum Beispiel mit ungeklärter Todesursache im Schlafzimmer liegt, müssen wir mit den Betroffenen in einen anderen Raum gehen, da sie das Schlafzimmer bis zur Klärung und bis zum Abtransport des Verstorbenen nicht betreten dürfen. Oft wird ein Raum, in dem ein Verstorbener liegt, auch versiegelt, wenn der *KDD* nicht sofort kommen kann.

Dennoch sollen die Angehörigen dableiben, weil sie für weitere Fragen immer zur Verfügung stehen müssen.

Es gibt viele Angehörige, die dann zu ihrem Kind oder Verstorbenen wollen, aber das geht nun mal erst, wenn alle anderen ihre Arbeit erledigt haben.

Nachdem der *KDD* mit seinen Untersuchungen und Befragungen durch ist, organisieren Gerti und ich die Möglichkeit, dass die Eltern sich von ihrem Baby verabschieden können. Anfassen ist aber leider nicht möglich. Wir wickeln es in eine Decke und legen ein Kreuzchen auf seinen Körper, dann holen wir die Eltern dazu. (Übrigens machen wir das auch bei Erwachsenen so. Wenn die Angehörigen sich verabschieden möchten, legen wir die Verstorbenen schön ins Bett, mit Kissen unter dem Kopf, entfernen zurückgelassene Materialien vom Rettungsdienst und stellen eine Kerze auf.)

Die Bestatterin nimmt das Baby in der Decke mit und sagt: »Wie furchtbar, eine fremde Frau kommt, nimmt dein Baby mit und bringt es nie wieder zurück.« Sie ist den Tränen nahe.

Bis hierhin finde ich den Einsatz nicht belastend. Als ich jedoch eine Woche später in der Zeitung lese, dass dieses Baby an einem schweren Schädel-Hirn-Trauma verstorben ist, werde ich richtig sauer. Das bedeutet nämlich, das Baby wurde so stark geschüttelt, dass es schwerste Hirnverletzungen bekommen hat und daran gestorben ist. Normalerweise bin ich immer ruhig und mein Puls und Stresslevel sind auf dem Fitnesstracker ganz unten im blauen Bereich, egal wie viel Stress ich habe. Aber jetzt schnellt es in den orangefarbenen Bereich. Ich koche vor Zorn, fahre nach der Arbeit wutentbrannt nach Hause und schütte Jürgen mein Herz aus. Ich bin unruhig und richtig aufgewühlt. Bei ihm kann ich meinen Dampf ablassen. Ich sage: »Es kotzt mich so an, ich habe zwei Mörder betreut, die spielen uns was vor, wir haben Empathie und versuchen zu trösten, und dann sowas.« Auch auf mich selber bin ich irgendwie sauer, weil ich mich so täuschen ließ. Mir kommen Gedanken wie: Das arme Baby, kann sich ja nicht mal wehren. Wie kann man das seinem Kind antun und dem Geschwisterkind, das nun auch damit leben muss?

Seither weiß ich, warum es gut und richtig ist, dass ein Baby immer obduziert wird. Ich hätte nie vermutet, dass diese Eltern ihrem Kind etwas getan haben. Aber daran sieht man mal wieder, dass man niemandem in den Kopf rein schauen kann, und wie sehr Menschen einen täuschen können.

Während ich dieses Buch schreibe, läuft gerade der Prozess. Bei einem CT wurden ältere Verletzungen festgestellt und die Gutachten haben gezeigt, dass das Baby bereits über längere Zeit misshandelt wurde. Ich bin gerade wieder richtig sauer deswegen.

Missstände aufdecken

Was ich in den Suizid Einsätzen immer mache: Alles genau beobachten und genau zuhören. Oft bemerke ich Missstände in der Vorgeschichte, wie zum Beispiel, dass man eine Mutter mit ihrer körperlich behinderten Tochter und deren psychischer Erkrankung komplett allein gelassen hat. Dass niemand, auch die Ärzte nicht, geholfen haben, geschweige denn überhaupt mal darüber aufgeklärt haben, wie man eine Suizidalität erkennen würde. Oder wie die Mutter mit der psychischen Erkrankung der Tochter umgehen soll, zum Beispiel wie sie reagieren soll, wenn das Mädchen ausflippt. Nichts hat man ihr gesagt. Würde man die Eltern mehr aufklären, dann könnten solche Suizide eher verhindert werden.

Das Mädchen hatte bereits am Vortag einen Suizidversuch unternommen, bei dem der Rettungsdienst dazukam. Da sie aber nur Schürfwunden hatte, nahmen sie das Mädchen nicht mit. Das ist eine echte Grauzone. Theoretisch ist eine Suizidalität ein lebensbedrohlicher Zustand und die Person müsste eigentlich eingewiesen werden. Praktisch darf aber ein Rettungsdienst keine Person behandeln oder mitnehmen, die das nicht möchte. In diesem Fall hätte man die Polizei dazuholen müssen, um eine Einweisung anzuregen, dann hätte der Suizidversuch am nächsten Tag erst mal verhindert werden können. Aber woher soll eine Mutter so etwas wissen? Ich kläre sie im Einsatz über all diese Vorgehensweisen auf.

Interessant ist auch, dass hier in Bayern eine Verletzung nach einem Suizidversuch nicht vom Rettungsdienst behandelt werden darf, wenn der Verletzte das nicht möchte, auch wenn es eindeutig ein Suizidversuch war, zum Beispiel mit einem Abschiedsbrief. In Berlin ist es egal, was der Patient sagt. Wenn es nachweislich ein Suizidversuch war, wird der Patient auch gegen seinen Willen behandelt.

Solche Erfahrungen nehme ich immer wieder mit ins *NaSPro* und frage dort, ob sie Ideen haben, wie man sowas verbessern kann. Diese Missstände sieht sonst aus der Steuerungsgruppe niemand, da die Professoren nicht in den Akut-Situationen in so engem Kontakt mit den Angehörigen von psychisch Erkrankten sind. Das ist eben genau die Mischung, die es in so einer Steuerungsgruppe braucht.

Was mir auch aufgefallen ist: Es gibt keine Hilfe speziell für suizidhinterbliebene Kinder und Kleinkinder. Oft sind Elternteile mit der Betreuung völlig überfordert und fühlen sich alleingelassen. Das Thema werde ich auch demnächst anbringen.

Bin ich kaltherzig?

Ich dachte schon oft, dass ich kaltherzig bin, weil mich auch sehr schlimme *KID*-Einsätze nicht belasten. Aber ich werde eines Besseren belehrt. Ich habe einen Einsatz mit einer Kollegin aus der Seelsorge, bei dem wir einer älteren Frau sagen müssen, dass ihr erwachsener Sohn verstorben ist. Die Frau weint bitterlich. Als wir am Tisch sitzen, erzählt sie, dass sie mit 14 Jahren ihre Mutter verloren hat, mit 16 Jahren dann den Vater und mit 30 Jahren ihren Ehemann. Aber dieser Schmerz über den Tod ihres Sohnes ist ganz anders. Sie hat das Gefühl, es würde ihr das Herz zerreißen.

Da laufen auch bei mir ein paar Tränen, denn ich kann genau mitfühlen, was die Frau meint. In diesem Moment fühle ich einfach, was sie fühlt. Anscheinend bin ich also doch kein Eisklotz.

Ein anderes Beispiel zeigt, wie ich meine Trauer ein- und ausschalten kann. Ein *KID*-Kollege, der den Fachlehrgang leitet, fragt mich, ob ich nicht als Mieme bei der Abschlussprüfung der neuen *KID*'ler mithelfen möchte. Ich sage zu. So fahre ich zur Prüfung, an der auch meine HP-Psych-Kollegin Steffi teilnimmt. Sie schimpft und lacht gleichzeitig, als sie mich sieht, weil ich ein paar Tage vorher mit ihr telefoniert habe, aber kein Wort davon gesagt habe, dass ich hier sein werde.

Die Prüfung startet und ich muss in die verschiedensten Rollen von Betroffenen schlüpfen. Mal ist es die Überbringung der Todesnachricht, mal häuslicher Tod, mal ein Suizid. Ich habe grobe Vorgaben, wie ich mich verhalten soll. So schauspielere ich mit all meinen Erfahrungen, die ich habe, und natürlich auch nach persönlichem Gefühl. Mir geht es sehr gut damit.

In einem Fall geht es darum, dass ich mich zu Hause von meinem Verstorbenen verabschieden soll. Als ich bei dem Verstorbenen (eine Puppe) sitze, kann ich wie auf Knopfdruck echte Tränen und Trauer einschalten. Die beiden zukünftigen *KID*'ler sagen: »Die weint ja wirklich.« Danach ist der Fall beendet und ich kann die Tränen sofort wieder abschalten. Sie fragen mich, ob es mir wirklich gut geht.

Ich lache und sage: »Ja, es geht mir sehr gut.« Es hat mir überhaupt nichts ausgemacht.

In der Mittagspause fragen mich viele, wie ich zum *KID* gekommen bin und ich schneide kurz meine Geschichte an. Danach geht es mit einem Fallbeispiel weiter, bei dem ich eine Mutter spielen muss, deren Sohn Suizid begangen hat, die kein Wort sagt. Der Ausbilder hat selbst erst in der Mittagspause von Timo erfahren und sagt, dass er wirklich Bedenken hat und ob ich nicht ein anderes Fallbeispiel spielen möchte.

Ich sage: »Nein, das ist vollkommen in Ordnung und das ist genau das, was ich am besten kann.« Auch hier kann ich Tränen auf Knopfdruck anschalten. Dieses Schweigen, das meiner Erfahrung nach viele zu Betreuende zeigen, und das echte Weinen machen dem *KDI*'ler echt zu schaffen. Aber genau so, wie ich es gespielt habe, wäre ich auch im echten Leben, und solche Fälle wird er auch immer mal haben. Ich finde, wenn die Betroffenen einfach nur schweigen, ist es das Schwerste überhaupt, das im Einsatz auszuhalten.

Als das Fallbeispiel beendet ist, stelle ich die Tränen wieder ab und es geht mir damit auch gut. Ich bin ehrlich gesagt selbst von mir fasziniert, dass ich das so extrem steuern kann. Für mich ist es wichtig zu wissen, dass ich meine Trauer so kontrollieren kann. Seither bin ich mir auch ganz sicher, dass sie mich nie mehr so überfallen kann, weil ich sie steuere, und nicht sie mich.

EHRENAMTLICH ARM?

Viele fragen mich: »Verdienst du mit deiner ehrenamtlichen Arbeit eigentlich Geld?« Die Antwort ist nein. Im *KID*, dem *NaSPro*, der S3-Leitlinie, *Trees of Memory* und der *DepressionsLiga* bekomme ich nur einen bestimmten Betrag pro gefahrenen Kilometer, was aber nur für ein normales Auto ausreicht. Da meine Autos wesentlich mehr Durst haben, lege ich den Rest selber drauf.

Wenn ich quer durch Deutschland unterwegs bin, bekomme ich auch die Übernachtungen bezahlt, aber natürlich nicht für ein Luxushotel, sondern so günstig wie möglich. Die Arbeitsstunden sind komplett unbezahlt. Übrigens sind alle Bereitschaften des Roten Kreuzes ehrenamtlich, egal ob Rettungshundestaffel, Wasserwacht oder Kriseninterventionsdienst. Nur der Rettungsdienst und der Notarzt werden bezahlt. Alles andere finanziert sich durch Mitgliedsbeiträge und Spenden. Auch wenn uns jemand nach einem Einsatz mal einen Zwanziger in die Hand drückt, was nur ganz selten vorkommt, geben wir das Geld in die Spendenkasse ab.

Das Einzige, was man als Ehrenamtler bekommen kann, ist ein erweiterter Steuerfreibetrag beim Finanzamt, oder je nach Verband, für den man tätig ist, eine Ehrenamtspauschale. Dieses Jahr bekomme ich diese übrigens von der *Deutschen DepressionsLiga*, weil ich so viel für sie mache. Der Betrag bewegt sich irgendwo um die

800 Euro, was für die Arbeitsstunden natürlich nicht viel ist, aber hier geht es für mein Gefühl eher um die Anerkennung.

Ich habe mir mal ausgerechnet, wie viele Stunden im Jahr ich ehrenamtlich arbeite. Insgesamt waren es letztes Jahr etwa 2400 Stunden, in denen ich unterwegs oder in Bereitschaft war, allein im *KID* waren es 1.738,5. Mir war selbst nie bewusst, dass es so viele sind, erst beim Schreiben dieses Buches habe ich nachgeschaut. So viel arbeitet nicht mal ein Angestellter. Und ich mache das neben meiner normalen Arbeit. Kaum zu glauben. Aber in meinem Fall ist diese Präventions-und Ehrenamtsarbeit eben so heilsam für mich selbst, dass es mir völlig egal ist, wie viel Zeit sie in Anspruch nimmt.

KID – IM SCHATTEN DES BLAULICHTS

Gastbeitrag von Christian Strzoda

KID-Mitarbeiter sind Helden. Es ist noch nicht so lange her, dass ich am eigenen Leib erlebt habe, wie eine Krisensituation beinahe außer Kontrolle geraten kann. Das Schwierigste an der Krisenintervention ist für mich als Notfallsanitäter nicht der Tod eines Menschen. Es ist der Schmerz der Hinterbliebenen. Ihre Verzweiflung, ihr Gefühl der Machtlosigkeit – all das legt sich wie eine unsichtbare Last auf mich, die mich zu erdrücken droht. Ihre Trauer breitet sich aus, sucht ein Ventil, und dann bin ich das Gefäß, das sie auffängt. Ich kämpfe darum, die Kontrolle zu behalten, während ihre Emotionen auf mich einschlagen. Besonders bedrückend ist jedoch auch das Schweigen. Diese Stille, die mit der Wucht der Trauer durchbrochen wird, ist oft noch lauter als jeder Schrei. Als Helfender muss man fähig sein, in dieser Stille zu verweilen und sie auszuhalten. Wer das nicht kann, stört die inneren Prozesse des Trauernden und hindert ihn möglicherweise daran, das Trauma in die richtigen Bahnen zu lenken.

Nun sitze ich hier, spät am Abend, an einem herbstlichen Bahnübergang im Rettungswagen. Diesmal bin ich nicht hier, um Verletzte oder Erkrankte zu versorgen, sondern nur als Platzhalter, bis die Experten des Kriseninterventionsteams eintreffen. Nebel wabert über das Gleis, als wollte er die Spuren all der Tragödien, die sich hier ereignet haben, verschleiern. Ein Lichtstrahl durchschneidet die Dunkelheit wie ein Schwert. Der Scheinwerfer der Feuerwehr erhellt den Bahndamm und taucht den Mann in ein Licht, das alle Farben verschluckt. Er sitzt mir gegenüber. Die waldgrünen Augen des Mannes sind wie erstarrt, sie blicken durch mich hindurch, auf einen Punkt, den ich nicht sehen kann. Ich frage mich, was in ihm vorgeht, was er in diesem Augenblick von mir erwartet. Wie kann ich helfen?

Seine Hände zittern, während sie an den Enden seiner rotbraunen Lederjacke nesteln. Ich versuche, in seinem Gesicht Hinweise auf das Passierte zu finden, aber die Antwort bleibt zunächst verborgen. Er, Mitte 60, mit einem grau melierten Haarkranz, hatte bis vor Kurzem noch ein Leben mit seiner Frau in einer kleinen Zwei-Zimmer-Wohnung in München so geführt, wie man sich das nach 40 Jahren guter Ehe vorstellt. Ihre Perlenhochzeit feierten sie ohne Pomp und Prunk in ihrem Lieblingsrestaurant. In zwei Jahren hätte er die Bühne seines Arbeitslebens verlassen. Dann endlich, hatte das Ehepaar geplant, würden sie mit dem Wohnmobil durch Schweden und Dänemark reisen.

Als die Augen des Mannes auf meinen Blick treffen, durchbrechen sie die Mauer des Schmerzes. Dann beginnt er, zu sprechen, als wäre dieser Moment des Lichtstrahls auch ein Moment der Offenbarung.

Seine Frau hieß Hedwig und war erst seit zwanzig Minuten tot. Enthauptet und entsetzlich zugerichtet durch die eingefahrene S-Bahn. Beim Verrichten ihrer Notdurft kam Hedwig aus dem Gleichgewicht und stürzte aus den Büschen direkt aufs Gleis. Ihr Mann, der nun mein Patient war, hatte sich irgendwann auf die Suche gemacht. Er fand seine Hedwig rechts vom Bahndamm liegend im Kegel seiner Handylampe.

Die Polizei hatte uns nun als Rettungsdienst nachgefordert, die Zeit bis zum Eintreffen des *KID* zu überbrücken. Um Rettung zu bringen, und auch Expertise. Mir war auf der Anfahrt schon nicht wohl, weil ich mich dem nicht entziehen konnte und ich schon geahnt hatte, dass hier etwas Grausames im Gange sein musste. Das Problem in diesem Moment war: Für diesen Bereich, Menschen zu helfen, habe ich nie eine strukturierte Ausbildung erhalten. Weder bin ich *KID*-Mitarbeiter noch Psychologe noch auf irgendeine andere Art und Weise in besonderem Maße geschult. Ich bin Notfallsanitäter und geübt darin, im Bereich einer akuten Lebensgefahr auch hochinvasiv und selbstständig zu agieren, aber nicht im Rahmen eines schweren psychischen Traumas. Ich fühlte mich hilflos und unvorbereitet. Der Einsatz hatte mich sowohl als Notfallsanitäter als auch als Mensch mit der Wucht einer Abrissbirne getroffen. Ihr könnt euch sicher vorstellen, wie froh ich war, als die Lichter des Fahrzeugs unendliche fünfzehn Minuten später hinter meinem Rettungswagen auftauchten, in dem die Mitarbeiterin des Kriseninterventionsdienstes saß.

Pam ist eine der stillen Heldinnen im Schatten des Blaulichts: Eine Frau, die durch den völlig überraschenden Suizid ihres Sohnes Timo selbst durch die Hölle geprügelt wurde und am anderen Ende stärker denn je wieder herauskam. Pam hat den Weg zurück ins Leben gefunden, indem sie nun anderen hilft, ihren eigenen Weg zu finden. Unzählige Stunden ihrer Zeit hat Pam geopfert, hat Ausbildungen absolviert und ist ehrenamtlich im Kriseninterventionsdienst tätig. Das Ganze für lau.

Ihr Engagement ist bewundernswert, doch es wirft auch Fragen auf: Wie kann es sein, dass Idealisten, die so viel geben, so wenig bekommen? Wie kann es sein, dass ihre Arbeit, die so wichtig ist, so gering geschätzt wird? Die Antwort ist so einfach wie ernüchternd: Die Krisenintervention in Deutschland ist chronisch unterfinanziert. Die Helfer arbeiten in der Regel ehrenamtlich, bekommen nur eine minimale Aufwandsentschädigung. Ihre privaten Autos sind ihre rollenden Büros, mit denen die Helfenden ihr eigenes Geld verbrennen. Die Arbeitszeit ist unbezahlt, ihre Bereitschaft selbstlos. Ihr Engagement und ihre unzähligen Stunden im Kriseninterventionsdienst stoßen an die Grenzen eines Systems, das diese Idealisten oft im Stich lässt. Mitarbeitende in der Krisenintervention kämpfen einen einsamen Kampf gegen die Windmühlen der Bürokratie und der knappen Kassen.

Es ist ein Paradoxon: In einer Gesellschaft, die sich rühmt, für ihre Bürger da zu sein, werden diejenigen, die sich um die seelischen Wunden kümmern, im Regen stehen gelassen. Das Gesundheitswesen, das den Menschen in den Mittelpunkt stellen sollte, scheint oft mehr von Zahlen und Bilanzen getrieben als von Empathie und Menschlichkeit.

Dies kann man auch in unserem übrigen Gesundheitswesen beobachten. In dem Bereich, in dem ich tätig bin, erhält ein Notarzt für seinen Einsatz am Kassenpatienten 80 Euro. Dazu gibt es eine Grundpauschale über 25 Euro pro Stunde dafür, dass derjenige jederzeit abrufbar ist und sofort einen Einsatz übernehmen kann. Notfallsanitäter erhalten unabhängig von ihrer Auslastung zwischen 20 und 30 Euro brutto die Stunde. Das ist Geld, für das viele Berufsgruppen nicht mal einen Kugelschreiber in die Hand nehmen würden. Aber im Gegensatz zu ihnen dürfen und müssen Ärzte und Notfallsanitäter Heilkunde am Menschen ausüben und tragen dafür das volle straf- und zivilrechtliche Risiko. Es existieren keinerlei Supervisionen, keine Rückfallebenen für schwere Einsätze, und man bekommt auch kein extra Geld dafür, dass man sich in Ausübung seines Jobs im Schichtdienst die Lebenszeit empfindlich verkürzt und an Lebenskomfort verliert.

Auch die Landschaft der hausärztlichen Versorgung hat sich geändert. Die Hausärzte haben – zu Recht – ihre Work-Life-Balance entdeckt. Wenn eine Praxis nun geschlossen ist, müsste der Bürger auf den Bereitschaftsdienst ausweichen. Dies ist jedoch mit teilweise immensen Wartezeiten verbunden. Wer wird dann gerufen? Der Rettungsdienst. Und der fährt oft genug hin und führt dann hausärztliche Tätigkeiten oder Beratungsgespräche durch. Die Einsatzzahlen sind so massiv gestiegen, dass viele Fahrzeugstandorte für Rettungswagen erschaffen wurden. Aber wenig überraschend reicht es noch immer nicht, denn in diesem Teufelskreis fehlt es an Personal. Viele Rettungswagen sind nicht besetzt und bleiben dann stehen. Klar – der Leser wird jetzt vielleicht sagen, dass die Berufswahl freiwillig erfolgt ist. Das ist auch korrekt, aber niemand hat diesen Beruf gelernt, damit er um Mitternacht als mobiles Blutdruckmessgerät durch die Gegend fährt und „mal schnell Blutdruck misst", weil das Gerät des Anrufers kaputt gegangen ist.

Mit dem *KID* sieht es ähnlich aus. Das System missbraucht die Tatsache, dass in vielen Menschen ein Helfersyndrom steckt. Menschen machen diesen Job, weil sie ihn lieben und weil sie davon überzeugt sind, die Welt zu einem besseren Ort zu machen. Sie machen den Job auch, wenn sie nichts dafür bekommen – was das System aber ausnutzt. So wie bei Pam Metzeler.

Manchmal frage ich mich, ob die Welt weiß, wie viel ein Helfender opfert, während sie selbst schläft. Pam und ihre Kollegen halten die Stellung im Auge des Sturms, wenn andere längst gegangen sind. Sie flicken die Seelen zusammen, die das System übersieht. Es ist an der Zeit, dass das System ihnen den Rücken stärkt, ihre Arbeit wertschätzt und ihnen die Anerkennung gibt, die sie verdienen.

Christian Strzoda ist Notfallsanitäter, Praxisanleiter und Buchautor. Von ihm erschienen sind:

- "Sie sehen aber gar nicht gut aus! Aus dem Leben eines Rettungsassistenten"
RIVA-Verlag, 2012, ISBN-13: 978-3868832532
- "Gehört dieses Bein zu Ihnen? Neues aus dem Leben eines Rettungsassistenten"
RIVA-Verlag 2015, ISBN-13: 978-3868835304
- "Tut das weh, wenn ich hier drücke? Die besten Geschichten aus meinem Leben als Notfallsanitäter"
RIVA-Verlag 2019, ISBN-13: 978-3742310859

MEINE EIGENE ARBEITSGRUPPE

Beim nächsten Meeting der *NaSPro*-Steuerungsgruppe kommt Prof. Dr. Reinhard Lindner auf die Idee, eine neue Arbeitsgruppe zu gründen, und zwar aus der Sicht von Betroffenen. Er fragt mich, ob ich die Möglichkeit habe, in der *Deutschen DepressionsLiga* nach Menschen zu suchen, die Erfahrungen mit Suizidalität haben, aber nun stabil sind. Es wäre gut, wenn sie schon mal in repräsentativen Gruppen oder Verbänden gearbeitet hätten.

Ich spreche mit der *DDL* und sie startet einen Aufruf. Unglaublich! Es meldeten sich unzählige Menschen, und die DDL legt mir sogar eine eigene E-Mail-Adresse an. Wie soll ich die jetzt alle unter einen Hut bringen? Und wie kann ich herausfinden, wer am besten für die AG geeignet ist?

Vielleicht sollten die Interessenten einen kleinen Werdegang schreiben, dann kann ich sie besser eingrenzen. Reinhard meint zwar, dass dies eine völlig neue Herangehensweise wäre. Aber ich muss ja irgendwie herausfinden, wie suizidal gefährdet die Mitarbeitenden in der AG sind, da ich auf keinen Fall möchte, dass sie durch unsere Arbeit getriggert werden. Also stimmt die Steuerungsgruppe zu.

Da es so viele Interessenten gibt, ist der Plan, vier oder fünf Personen, die schon einmal in repräsentativen Gruppen gearbeitet haben, für einen inneren Zirkel auszuwählen, der sich regelmäßig trifft. Die anderen kommen in einen äußeren Zirkel, mit dem man sich dann ein bis zweimal im Jahr zusätzlich trifft, um die Erfahrungen aller einzubringen.

Fünf Leute passen genau in das Profil, das wir suchen. Diesen neuen inneren Zirkel lade ich zur ersten Online-Sitzung der *AG Erfahrenen* ein. Reinhard will erst mal nicht dazukommen, weil er denkt, dass sich die Leute dann vielleicht kontrolliert fühlen.

In der ersten Sitzung platzieren alle an einem virtuellen Mainboard ihre Ideen. In der zweiten Sitzung kommt Reinhard dazu, um die Arbeit einer AG im *NaSPro* zu erklären. Es ist für mich toll, mit anzusehen, wie er den anderen zuhört und sie auch ernst nimmt. Ich habe so etwas noch nie in der Art und Weise gesehen. Meiner bisherigen Erfahrung nach, war es immer etwas von oben herab, wenn ein Arzt mit jemandem sprach. Aber die Professoren und Doktoren aus dem *NaSPro* sind ganz anders. Das sind eigentlich die größten Fachleute, aber sie sind auch so empathisch und menschlich, das kann man sich kaum vorstellen.

Nach der Sitzung treffe ich mich noch mal mit Reinhard zu einem Meeting unter vier Augen. Ich frage erst mal, wie denn jetzt der Plan ist? Ich gehe davon aus, dass ich die Gruppe zusammenführe und anfangs etwas anleite, sodass sie später allein weiterarbeiten kann.

Reinhard meint aber, es wäre gut, wenn ich erst mal mit dabeibleibe. Er gibt mir einen Leitfaden an die Hand, den ich auch echt brauche. Der hat echt ein Gottvertrauen in mich. Er sagt, dass ich mich jederzeit bei ihm melden kann, wenn ich Fragen habe oder Hilfe brauche.

Ich habe großen Respekt vor dieser Aufgabe, aber ich schaffe das, ich werde wieder davon lernen und daran wachsen. Und es stimmt, egal wann und wie ich Hilfe brauche, ich kann mich wirklich immer bei ihm melden, egal ob per Mail oder per Videoanruf.

Auch wenn diese wissenschaftliche Arbeit fachlich immer noch sehr anspruchsvoll für mich ist, macht es unheimlich Spaß. Vor allem, wenn ich daran denke, wofür sie gut ist, und was sie bewirken kann. Ich bin froh und stolz, ein Teil dieses Programmes zu sein.

Auch heute noch habe ich immer mal wieder Online-Meetings mit meiner *AG Erfahrene*. Sie steht ja erst am Anfang und irgendwie haben wir noch nicht wirklich gefunden, wo der Weg hingehen soll. Ich muss konkretisieren, was die Gruppe genau erforschen soll. Es ist gar nicht so einfach, auf einmal eine wissenschaftliche Gruppe zu leiten. Im Moment bearbeiten wir alle bereits existierenden Flyer und Broschüren des *NaSPro* aus Betroffenensicht um, damit wir mögliche Trigger ausmerzen. Ich vermute, aus der Nummer komme ich nicht mehr raus :-)

DIE ZWEITE PRÜFUNG

Ich fahre nach Kassel zur Herbsttagung der *DGS*. Die *Deutsche Gesellschaft für Suizidprävention* ist unter anderem Initiatorin des *Nationalen Suizidpräventionsprogramms für Deutschland*. Das ist ein Netzwerk aus mehr als 90 Institutionen, Organisationen und Verbänden mit dem Ziel, die Suizidprävention in Deutschland in verschiedensten Bereichen voranzubringen.

In einem Vortrag, in dem es um Sozialpsychiatrie im klinischen Kontext geht, stutze ich. Ich sitze zwischen vielen Fachleuten und es geht unter anderem um gesetzliche Dinge, was die Zwangseinweisung in einem psychiatrischen Notfall betrifft. Es wird nur oberflächlich darüber berichtet und die Fachleute stellen diverse Fragen.

Ich denke nur: Spinn ich? Die Gesetze kann ich in- und auswendig, das ist ein absolutes Muss bei meiner Heilpraktiker-Ausbildung, und nicht mal diese super Fachleute wissen das genau...

Ich spreche darüber mit einem psychologischen Psychotherapeuten und er sagt mir, dass er die Ausbildung kennt und dass er diese Prüfungen selbst schon abgenommen hat. Es sei krass, was ich mir da antun würde. Er wüsste, wie schwer das Ganze ist, und dafür würde man dann nicht mal von der Krankenkasse anerkannt und bezahlt. Er sagt: »Jeder von uns hier hat sein Fachgebiet oder auch mal zwei oder drei, aber niemand musste dieses breite Spektrum, das ein Heilpraktiker für Psychotherapie wissen muss, erlernen. Außerdem bist du in Bayern, da ist die Prüfung noch mal schwerer als im Rest von Deutschland.« Na toll.

Es ist übrigens sehr schade, dass wir Heilpraktiker Psych nicht mit der Krankenkasse abrechnen dürfen. Nur private Kassen und die Berufsgenossenschaften rechnen teilweise mit uns ab. Ich muss aber auch ehrlich sagen: Wenn ich meinen Mitschülern zugehört habe, dachte ich oft: Oh mein Gott, wie wollen die denn ordentlich therapieren? Über die Hälfte waren esoterisch angehaucht und wollten dies auch in ihrer Therapie einbringen. Hilfe!

Manchmal will ich mich vor Fachleuten rechtfertigen und sagen: Ich bin zwar Heilpraktikerin für Psychotherapie, aber ich umarme keine Bäume. Versteh mich keiner falsch, ich habe nichts gegen Esoterik, aber die hat nun mal in diesem Beruf nichts verloren. Kein Wunder, dass die Kassen das mitbekommen. Ich überlege ständig, was man tun könnte, um die Esoterik aus dem Berufsfeld zu verbannen, und dem HP Psych dadurch mehr Professionalität und vielleicht auch Anerkennung durch die gesetzlichen Krankenkassen zu verschaffen, aber bisher ist mir noch nichts eingefallen.

Am 20. März 2024 ist es so weit. Steffi und ich müssen zur schriftlichen Prüfung, dieses Mal nach Neusäß. Ich denke, ich sehe nicht richtig, als ich dort ankomme. 60 Prüflinge stehen an und einer erzählt, dass sie im November nur 19 Prüflinge waren. Das kann ja wohl nicht wahr sein. Und ich wurde nicht zugelassen, weil die Prüfung angeblich voll war. Klar bei 19 Prüflingen! Das ärgert mich echt.

Der Raum sieht aus wie der in Augsburg, nur stehen die Tische nicht direkt nebeneinander, sondern immer mit einem Gang zwischen den Reihen. Ich Trottel habe den Kugelschreiber vergessen, das geht ja schon gut los. Gott sei Dank hat Steffi noch einen für mich.

Es geht los. Die Fragen finde ich erst mal nicht so schwierig. Jedoch sind drei Fragen dabei, bei denen ich mir nicht ganz sicher bin. Ich übertrage die Ergebnisse auf den Bogen, den man abgeben muss. Dann gehe ich nach draußen. Erst mal eine Beruhigungszigarette. Ich bin mir diesmal nicht so sicher wie beim letzten Mal.

Als Steffi dazukommt, vergleichen wir natürlich gleich die Ergebnisse. Oh mein Gott, die drei Fragen habe ich tatsächlich falsch beantwortet. Dann bemerke ich, dass ich bei zwei Fragen die Fragestellung falsch verstanden habe. Das gibts doch nicht. Da stand: Was sind keine Symptome der Schizophrenie? Ich las aber: Was sind Symptome der Schizophrenie? Ich könnte heulen. Noch zwei Fehler. Wenn ich im Übertragungsbogen jetzt noch ein Kreuz falsch gesetzt habe, dann bin ich wieder durchgefallen.

Das darf nicht wahr sein. Ich habe noch mehr gelernt als beim ersten Mal. Da hatte ich nur einen Fehler, und jetzt mindestens fünf. Jetzt muss ich zwei Wochen lang warten und bibbern.

Steffi ist guter Dinge, wir lernen weiter wie die Bekloppten, um die mündliche Prüfung auch zu bestehen. Steffi bekommt zwei Wochen später die Einladung. Normalerweise bekommen wir sie zeitgleich, da unsere Nachnahmen beide mit *Me* anfangen. Scheiße, dann bin ich wohl durchgerasselt. Mir geht ständig durch den

Kopf: Wieder ärztliches Attest, wieder polizeiliches Führungszeugnis, wieder tausend Stunden Lernen und wieder 680,00 Euro Prüfungsgebühr zahlen. Jürgen beruhigt mich und sagt. »Wart erst mal ab.«

Endlich. Zwei Tage später kommt die langersehnte Einladung zur mündlichen Prüfung. Ich habe mit fünf Fehlern bestanden. Das nervt mich übrigens bis heute. Ich bin furchtbar perfektionistisch und es ist für mich eigentlich ein No-Go, so viele Fehler zu machen. Anderen gestehe ich das schon zu, aber nicht mir selbst. Steffi sagt immer wieder: »Ist doch egal, du hast bestanden, nur das ist wichtig. Es kräht später kein Hahn danach, wie viele Fehler du in der Prüfung hattest.« Da hat sie natürlich recht, aber ich frage mich, wie ich die mündliche Prüfung schaffen soll, wenn ich in der schriftlichen schon so schlecht war. Also lernen, lernen, lernen!

Baumfrieden

Mich ruft eine Frau aus unserem Dorf an, die in Memmingen im Klinikum einen Kinderpalliativkreis gegründet hat. Sie fragt, ob ich mit dazukommen möchte, sie denkt, dass auch das Thema Suizid dort einen Platz haben muss.

So fahre ich im April zum ersten Mal ins Klinikum Memmingen, um mich dem Kinderpalliativkreis anzuschließen. Eine Bestatterin hält einen Vortrag über Richtlinien von Bestattungen und auch über die verschiedenen Möglichkeiten. Eine davon bringt mich fast zum Weinen.

Sie heißt Baumfrieden. Dabei wird die Asche einer verstorbenen Person in den Niederlanden oder Tschechien einem Bäumchen deiner Wahl beigegeben. Nach einer

Wachstumsphase von vier bis neun Monaten kann der Baum an einem von dir gewünschten Ort in Deutschland eingepflanzt werden.

Ich stellte mir vor, wie wundervoll es wäre, zum Beispiel eine Magnolie im Garten zu haben, die aus der Asche meines Timos gewachsen ist. So nah bei mir und so schönes, neu entstandenes Leben. Theoretisch könnte ich das immer noch jederzeit machen. Ich müsste nur einen Bestatter beauftragen, der die Asche von Timo dort hinbringt. Leider ist das nicht gerade günstig, es kostet ungefähr 8.000 Euro, aber hätte ich das damals gewusst, wäre mir das egal gewesen. Vielleicht mache ich es noch, wenn mein Garten mal fertig ist.

Auch für die Arbeit beim *KID* finde ich solche Informationen wichtig, damit man Hinterbliebenen sagen kann, dass es diese Möglichkeit gibt.

Mike hat Krebs

Im April 2024 erfahre ich, dass Mike, ein Tätowierkollege und guter Freund, an Krebs erkrankt ist und das anscheinend schon seit Monaten. Ich habe es nicht mitbekommen, weil der Kontakt über die Jahre leider kaum mehr vorhanden war.

Er hat mir echt mal den Arsch gerettet. Als mein damaliger Tätowierer Kutte an Leukämie erkrankt war und nicht mehr arbeiten konnte, kam kaum noch Geld in die Kasse. Die Kunden wurden nach Monaten ungeduldig und wollten ihre Anzahlungen zurück. Damals sagte Mike: »Ich komme mit meinem Lehrling und helfe dir aus«, obwohl auch sein Kalender voll mit Terminen war. Ich war so dankbar. Auch seine Freundin Anja, mit der ich schon seit Jahrzehnten befreundet bin, war in der Zeit, als das mit Timo passiert ist, immer für mich da.

Ich schäme mich. Warum habe ich diesen Kontakt so schleifen lassen? Alles andere war immer wichtiger. Warum ist man so? Es ist nicht böse gemeint, aber man schafft tagtäglich vor sich hin und die Zeit rennt einfach weg. Man nimmt sich vor, sich zu melden, und vergisst es im Alltag immer wieder. So ziehen die Jahre ins Land.

Auf Anjas Facebook-Profil sehe ich, wie schlecht Mike aussieht und wie stark er abgenommen hat. Er war immer ein Bär von einem Mann. Ich erschrecke, denn ich erkenne ihn kaum wieder. Ich biete sofort an, mich zu revanchieren und mit meinem Tätowierer Rasto zu kommen, um etwas Geld in die Kasse zu spülen. Mike bedankt sich, sagt aber, dass es im Moment noch nicht nötig ist. In ein paar Tagen hat er eine OP, dann soll es auf Reha gehen und danach kann er selbst wieder arbeiten.

Im Juli sehe ich auf Facebook, dass Anja und Mike im Krankenhaus geheiratet haben. Es war immer sein sehnlichster Wunsch seine »Maus« nach zwanzig Jahren noch zu heiraten. Da es nicht gut um ihn stand, organisierte Anja alles, um ihm seinen größten Wunsch zu erfüllen.

Einen Tag später schreibe ich seine Tochter Natalie an und frage, ob wir ihn im Krankenhaus besuchen können. Sie sagt, dass es nicht mehr schafft, Besuch zu empfangen. Das macht mich sehr traurig und mein schlechtes Gewissen zerfrisst mich.

Nur sieben Tage später verstirbt Mike mit 52 Jahren an Magenkrebs, im Kreise seiner Liebsten. Als ich das mitbekomme, rufe ich sofort Anja an und wir weinen beide bitterlich am Telefon. »Es tut mir so leid«, schluchze ich in den Hörer. Ich würde in dem Moment so gern bei ihr sein und abfangen, was nur abzufangen geht. Jedoch bin ich beim Arbeiten und kann nicht einfach zumachen. Sie bietet an, dass wir uns noch von ihm verabschieden können, weil er erst gegen 16 Uhr vom Bestatter geholt wird. Das ist mir aber durch die Arbeit nicht möglich. Das macht mich noch fertiger. Ich kann es nie wieder gut machen, schießt es mir durch den Kopf.

Ich habe keine ruhige Minute mehr, bis wir ein paar Tage später zu ihr fahren. Sie erzählt uns, welch ein Martyrium er hinter sich hat. Er hoffte bis zum Schluss, dass er es doch schaffen würde, weil er Anja nicht alleine lassen wollte.

Seither schreibe ich Anja oft. Wir treffen uns einmal die Woche. Es ist schwierig, in solchen Situationen einen guten Mittelweg zu finden, ihr einerseits nicht auf die Nerven zu gehen und sie andererseits nicht allein zu lassen. Da ich sie sehr gut kenne, merke ich an der Art, wie sie mir zurückschreibt, ob sie gerade ihre Ruhe oder Kontakt will. Diesen Kontakt mit ihr werde ich nie mehr schleifen lassen, das war mir eine Lehre.

Die mündliche Prüfung

Ich stehe kurz vor meiner mündlichen Prüfung. Steffi und ich sind nur noch am Lernen. Es passt sowieso nichts mehr in meinen Kopf und jetzt bewegen mich die Gedanken an Mike und Anja auch noch. Ich kann meine Mindmaps immer weniger hören und mir hängt alles zum Hals raus. Jedes Mal, wenn ich was Neues in mein Hirn aufnehmen will, habe ich das Gefühl, dass hinten was anderes wieder rausfällt.

Am 29. April ist es dann so weit. Ich muss zur Prüfung in Augsburg. Ich komme natürlich viel zu früh an, aber das macht nichts, denn in dem Gebäude sehen alle Etagen und Gänge gleich aus, nur die Nummern an den Zimmern geben etwas Orientierung. Aufzug hoch, Treppe rechts, Zimmer 512. Toll, ich renne in dem Komplex wie ferngesteuert rum. Ich hätte irgendwo ums Eck gehen müssen, was ich aber nicht gesehen habe. Super, ich habe mich verlaufen. Also noch mal nach unten und auf ein Neues probieren. Dieser Komplex ist wie Augsburg selbst, nur Einbahnstraßen, und wenn man sich verfranst, dann findet man nie wieder an die Stelle zurück, wo man sich verlaufen hat, da man durch die Einbahnstraßen immer woanders rauskommt.

Nach einer viertel Stunde finde ich das Zimmer endlich. Dort wartet bereits ein Mann vor der Tür, der auch zur Prüfung muss. Er sagt, dass die Prüfer 20 Minuten im Zeitverzug sind, eine Frau gerade drin ist und der Mann vor ihr bereits durchgefallen ist. Sehr beruhigend... Also noch länger warten, verdammt, ich will das endlich hinter mir haben. Steffi hat es gut, die war bereits vormittags dran und hat bestanden.

Der Mann ist total nervös, was mich ansteckt. Ich gucke aufs Handy, starre die Wand an. Da kommt die Frau raus. Sie hat mit Ach und Krach bestanden. Danach ist der Mann dran. Ich sitze immer noch auf meinem unbequemen Stuhl und warte. Ich versuche, etwas zu verstehen, aber ich höre nur, ob ein Mann oder eine Frau spricht, verstehe nicht, was sie sagen.

Mir fällt auf, dass kein weiterer Prüfling kommt, das bedeutet wohl, ich bin die Letzte. Vielleicht habe ich

Glück und die wollen nach Hause, dann fragen sie nicht so viel. Ich höre, dass die Frau immer wieder nachfragt, als wolle sie dem Prüfling auf die Sprünge helfen. Das ist kein gutes Zeichen. Dieses Warten macht mich wahnsinnig. Mein Handyakku ist fast leer und ich muss den Rest sparen, weil ich sonst nie wieder aus Augsburg rausfinde. Die Tür geht auf und der Mann kommt raus. Er ist durchgefallen.

Es ist bereits 15:45 Uhr, als die Prüfer mich endlich reinholen. Links sitzt ein sehr schlanker, großer Mann mit ganz dunklen Haaren, der sich als Heilpraktiker für Psychotherapie vorstellt. In der Mitte eine blonde Frau mit Zopf, sie stellt sich als psychologische Psychotherapeutin vor. Rechts eine stärkere, braunhaarige Frau mit leicht zerzausten Haaren.

Es geht los. Der Mann fragt mich, wodurch psychische Erkrankungen entstehen können und was die Kriterien für eine Alkoholabhängigkeit mit Symptomen und Therapiemöglichkeiten sind, welche Abhängigkeiten es noch gibt außer Alkoholabhängigkeit und wo diese im ICD-10 codiert sind. Danach will er wissen, was das präsuizidale Syndrom nach Ringel ist und natürlich auch, wie ich eine Suizidalität nach Pöldinger abfragen würde. Damit kenne ich mich aus!

Danach ist die Frau in der Mitte dran, auch deren Fragen kann ich alle beantworten. Schließlich kommt die Prüferin rechts mit einem Fallbeispiel. Es geht um ein junges Mädchen mit depressiver Symptomatik, die vor ein paar Wochen eine OP hatte. Ich gehe laut das ganze ICD-10 durch und versuche, alles auszuschließen, was nicht sein kann. Ich frage, ob sie schon organisch untersucht wurde. Die Frau sagt ja. Ich gehe alle Substanzen durch, die Prüferin sagt, Alkohol trinkt sie keinen und nimmt auch keine anderen Substanzen. Ich zähle weitere Krankheiten auf, die es aber aufgrund der Symptome oder Zeitkriterien nicht sein können. Langsam gerate ich in Panik. Was wollen die von mir hören?

Nach etwa zehn Minuten sagt die Frau, dass ich nicht so kompliziert denken soll. Das macht mich noch nervöser. Ich denke noch mal nach, was in dem Fallbeispiel alles vorgelesen wurde, und bleibe an der OP hängen. Ich sage: »Ein Delir kann ich ausschließen, da die OP zu lange her ist.« Dann komme ich aber auf die Medikamente, die sie zur Nachbehandlung bekam. Ich hab's! Das müssen Nebenwirkungen sein!

Die Frau schmunzelt und nickt. Gott sei Dank ist mir das noch eingefallen. Gleichzeitig habe ich durch meine Erklärungen bewiesen, dass ich eine Ahnung von der Diagnostik habe, weil ich vieles wusste und richtig ausgeschlossen hatte.

Dann kommt wieder die Frau in der Mitte und fragt mich erneut nach Suizidalität. In der Ausbildung wurde uns immer gesagt: »Wenn ihr etwas gefragt werdet, womit ihr euch auskennt, dann erzählt alles, was ihr wisst.« Bei den ersten Suizid-Fragen habe ich mich das noch nicht getraut. So, das ist deine Chance, denke ich, jetzt hau alles raus, was nicht mal die wissen können. Ich rattere mein ganzes Wissen runter, von der Epidemiologie über Statistiken, Behandlungsmöglichkeiten usw. Die drei schauen mich an wie Autos. Ich könnte noch weitere zwei Stunden erzählen. Die Prüferin nickt aber und sagt, ich kann rausgehen.

Ich atme erst mal tief durch. Ich habe zwar ein gutes Gefühl, weiß aber nicht, ob ich bestanden habe, da ich den Namen der einen Codierung nicht mehr genau wusste und lange gebraucht habe, bis ich auf die Nebenwirkungen beim Fallbeispiel kam.

Sie rufen mich wieder rein. Bestanden. Mir fällt ein riesiger Stein vom Herzen. Die Frau in der Mitte fragt mich, woher ich denn das ganze Wissen habe.

Ich erkläre, dass Suizidalität genau mein Thema ist. Ich sage: »Ich habe meinen eigenen Sohn vor sieben Jahren durch Suizid verloren und sitze im Nationalen Suizidpräventionsprogramm in der Steuerungsgruppe, zudem erstelle ich gerade mit vielen anderen die neue S3-Leitlinie für Suizidalität, nach der Sie dann vermutlich auch behandeln.«

Ich muss grinsen, denn in diesem Moment bin ich zum ersten Mal so richtig stolz auf alles, was ich in den letzten Jahren geschafft habe.

DIE KRANKHEIT IST ZURÜCK

Ich muss zur Kontrolle meiner Lunge. Ich habe schon seit letztem Jahr bemerkt, dass sie sich verschlechtert hat. Sobald ich bergauf gehe oder Treppen steige, bleibt mir die Luft fast weg. Ich habe Angst vor dem Termin.

Mein Gefühl bestätigt sich. Jetzt habe ich auch noch eine angehende *COPD*. Die Ärztin erklärt mir, dass das eine fortschreitende chronische Atemwegserkrankung ist, die vor allem durch das Rauchen verursacht wird. Die Bronchien sind verengt und die Lungenbläschen geschädigt, was den Luftaustausch in den Lungen beeinträchtigt. Die *COPD* ist derzeit die vierthäufigste Todesursache weltweit. Na toll.

Das Rauchen kann ich, trotz aller Angst und bereits vorhandener Schäden, immer noch nicht einstellen. Klar kotzt mich das selber an, denn ich weiß, dass mein Leben nicht schön enden und auch nicht so lange dauern wird, wie bei einem gesunden Menschen. Man könnte eigentlich sagen, dass dies ein Suizid auf Raten ist, denn obwohl ich weiß, wie gefährlich das Rauchen für mich ist, rauche ich weiter und steuere auf einen frühen Tod zu.

Ich will nicht sterben und trotzdem kann ich nicht aufhören. Es ist verrückt. Da nützt die ganze Ausbildung zur Heilpraktikerin für Psychotherapie auch nichts. Ich bin einfach nicht normal. Jeder normale Mensch würde aufhören.

Ich muss irgendwas ändern, denke ich. Und dann habe ich wieder eine von meinen verrückten Ideen. Also eigentlich besteht die Idee schon seit Jahren, aber ich habe sie immer wieder verworfen, weil andere Dinge wichtiger waren. Aber nach der Nachricht vom Arzt denke ich: Das ist die Chance, das Rauchen aufzugeben. Ich werde den Jakobsweg laufen.

Mein Plan ist es, am Flughafen die letzte Zigarette zu rauchen. Ich nehme keine Weitere mit. Auch das Handy wird nur fürs Nötigste rausgezogen. Ich will von Sarria nach Santiago de Compostela laufen. Das sind ungefähr 115 Kilometer.

Jürgen sagt immer wieder: »Willst du nicht ein bisschen üben?« Ich sage jedes Mal: »Nö, entweder das geht so, oder gar nicht.« Ich habe alle Zeit der Welt und ich laufe eben so, wie es geht, in meinem Tempo und mit so vielen Pausen, wie ich brauche. Auch das ist ein Grund, warum ich alleine gehen will.

Ich buche bei einer Agentur eine Route, und die bucht mir alle meine Unterkünfte. Das ist sehr praktisch, weil ich mich um nichts kümmern muss. Die bringen sogar meinen Koffer täglich von einer Unterkunft zur nächsten. So habe ich nur das Wichtigste im Rucksack dabei und muss nicht so viel Gewicht schleppen. Dazu gibt es noch eine App, auf der die Route genau angegeben ist, mit Weg, Strecke, Informationen, Höhenmetern und so weiter. Insgesamt werde ich sieben Tage weg sein, wobei zwei Tage davon An- und Abreise sind. Reine Laufzeit werden also fünf Tage sein.

Viele Leute pilgern, um zu sich selbst zu finden. Ich will einfach mal wissen, ob ich es mit mir alleine aushalte.

Und ich will wissen, ob die Leute recht haben, die sagen, dass ich vor irgendwas davonlaufe.

Die Trauer bleibt

Kurz bevor es losgeht, schmettert mich meine Trauer wieder mal zu Boden. Man bekommt ja immer wieder Erinnerungen von Facebook, was heute vor x Jahren war. Als ich gerade mit Jürgen in die Badewanne will – wir baden oft zusammen –, schaue ich noch mal auf Facebook und sehe die Erinnerung, heute vor sieben Jahren. Da war ich mit Timo in Berlin auf dem *Volbeat*-Konzert. Unserem letzten Konzert.

Mir schießen Tränen in die Augen. Ich setze mich zu Jürgen in die Wanne und weine bitterlich. Ich kann mich gar nicht beruhigen, die Erinnerung war wie ein Schlag ins Gesicht. Niemals hätte ich vermutet, dass es mich noch mal so setzt. Ich heule alles raus. Nach einer viertel Stunde versuche ich, mich an die schönen Momente, die wir dort hatten, zu erinnern. Es ist aber echt schwer.

Ich denke daran, dass Timo das erste Mal mit seinem eigenen Auto so weit gefahren ist und das super gemacht hat. Er durfte ja erst seit ein paar Monaten begleitet fahren. Als wir in Berlin ankamen, meinte er, dass er jetzt mal durch so ´ne große Stadt fahren möchte. Ich sagte: »Okay wenn du das willst, dann los.« Er kurvte los und für das erste Mal in der Großstadt war er echt klasse. Nach etwa einer halben Stunde meinte er: »Mama, wir fahren zurück ins Hotel, das ist anstrengend.« Wir lachten beide.

Am Abend gingen wir zusammen auf das Konzert in der Wuhlheide. Eine wunderschöne Location, diese alte

Burg. Die Vorband war so schlecht, dass wir uns zum Getränkestand begaben. Als *Volbeat* spielte, waren wir erst weit hinten und Timo meinte, wir sollen weiter vor gehen. Also ließ ich mich mitziehen und wir kamen fast bis ganz nach vorne.

Irgendwann drückte sich ein zwei Meter großer Typ vor uns. Ich tippte ihn von hinten an und fragte, ob er sich hinter uns stellen könnte, da wir so klein sind und nichts sehen. Er antwortete aber nur, dass die hinter uns dann das Gleiche sagen und er immer weiter nach hinten muss. So ein Trottel, dachte ich. Dann nahm ich Timos Hand und schob mich an dem Riesen vorbei, dabei zog ich Timo mit. Da schrie der Typ ganz laut: »Geiler Hintern!«, und sah mich dabei an. Ich wollte nicht darauf reagieren, zumal er mich nicht mal berührt hatte. Aber Timo war schneller und schrie ganz laut zurück: »Danke!«

Alle drehten sich nach dem Riesen um und er wurde knallrot im Gesicht. Binnen Sekunden war der Typ verschwunden. Timo und ich haben uns weggeschmissen vor Lachen. Diese Reaktion war so typisch für Timo.

Als ich über das alles nachdenke, schmunzele ich schon wieder und sage zu Jürgen: »Mach dir keine Sorgen, es geht gleich wieder, das war nur ein kurzes Tief.« Die Tränen laufen zwar immer noch eine ganze Weile, aber ich kann dabei schon wieder lachen.

Diese Momente werden immer mal wieder kommen. Wenn sie mich einholen, dann akzeptiere ich sie und halte sie aus, denn sie gehen vorbei. Es gehört nun einfach dazu, dass sowas passieren kann.

DER JAKOBSWEG

Jürgen bringt mich zum Flughafen. Ich stelle mich unauffällig zum Aschenbecher und rauche feierlich meine letzte Zigarette. Dann gehe ich rein und mache den Check-in. Es geht los. Ich bin überhaupt nicht aufgeregt, wie bei allem, was ich mache. Mein Motto: Nicht aufregen, wenn man etwas nicht ändern kann. Ich bin als Jugendliche schon oft alleine in andere Länder gereist, mein Englisch reicht aus, um durchzukommen, der Rest geht mit Händen und Füßen. Außerdem will ich sowieso nicht mit anderen reden, sondern mit mir alleine sein.

Als wir den Landeanflug starten und ich vom Fenster aus Spanien sehe, bekomme ich einen Schreck. Das sind ja alles Berge. Hilfe! Ich dachte immer, das sei die einfachste Strecke des Jakobswegs. Ich google während der Fahrt zur ersten Pension in Sarria noch mal den Weg und sehe, dass dieser Teil des Jakobswegs nicht der einfachste, sondern der beliebteste ist. Oh Mann, das hab ich ja wieder mal toll hingekriegt. Aus der Nummer komme ich jetzt nicht mehr raus.

Am ersten Morgen stehe ich vor einer Steintafel, die den Jakobsweg ausschildert. Darauf steht 113,46 km bis Santiago, und der Pfeil zeigt nach rechts, wo unzählige Treppen nach oben führen. Ich bin fassungslos. Super, gleich mal gefühlt tausend Stufen. Meine Lunge wird es mir danken.

Ich fange an, hinaufzusteigen, und bei der Hälfte brauchte ich schon die erste kurze Pause zum Durchschnaufen. Oben angelangt muss ich um eine Kurve laufen, und was soll ich sagen: Da sind noch mehr Treppen. Ich denke in meiner Verzweiflung, wenn ich hier so weit hochlaufe, dann darf ich auch irgendwann wieder runter. Mein heutiges Ziel ist Portomarin, die Strecke ist mit 22 Kilometern angesetzt. Ich sehe auf der App, dass es über 600 Höhenmeter sind. Hoffentlich schaffe ich das.

Nach den ersten beiden Kilometern ziehe ich meine Jacke aus, weil mir jetzt schon warm ist. Die Gegend ist schön, ich sehe Eidechsen, die sich auf den Mauersteinen in der Sonne wärmen. Es geht durch Eukalyptus-Wälder, Dörfchen, mal steinige, steile Wege und dann wieder etwas ebenere Waldwege. Die Sonne scheint und es macht einfach nur Spaß.

Ohne Rauchen geht es bis jetzt ganz gut, es ist ja aber erst ein Tag. Ich hoffe, dass es in der anderen Umgebung und ohne gewohnte Rituale einfacher ist, aufzuhören.

Ab Kilometer 103 wird es anstrengend. Um mich zu motivieren, lege ich mir etwas Musik auf die Ohren. Ab Kilometer 96 kommen dann langsam Schmerzen, meine Beine und auch die Fußsohlen brennen, es ist aber noch gut auszuhalten. Auf einmal sehe ich von oben einen riesigen See, der knallblau ist. Es geht nun endlich bergab, dann links über eine Brücke. Da sehe ich das Ortsschild. Juhu, erste Etappe geschafft, und es ist erst 15 Uhr, das ist doch gar nicht so schlecht.

Ich schaue geradeaus: Treppen!!! Um ins Ortsinnere zu gelangen, muss ich schon wieder unzählige Stufen nach oben. Und das soll jetzt eine ganze Woche so weitergehen? Aber die Finca mit Sicht auf dem See, auf der ich endlich ankomme, entschädigt mich für alles. Ich habe 32.605 Schritte hinter mir und bin echt kaputt.

Es gibt für einen Apfel und ein Ei ein Drei-Gänge-Menü. Nachdem der Magen wieder voll ist, gehe ich aufs Zimmer und lege mich ins Bett, aber ich kann nicht einschlafen. Ich denke immer an den Berg, den ich morgen wieder hochmuss. Mir fällt so ein Facebook-Spruch ein: Der Berg erinnert uns daran, dass das Leben keine Gerade ist. Es geht ständig auf und ab, aber am Ende kommen wir immer an. Genau so ist es. Ich bin auch wieder in einem glücklichen Leben angekommen.

Wenn kurz nach Timos Tod andere Betroffene gesagt haben, dass es ihnen gut geht, dachte ich so insgeheim für mich: Dann haben die ihren Angehörigen nicht so geliebt wie ich meinen Timo.

Damals ging ich davon aus, dass es mir nie mehr besser gehen wird, und es war für mich unvorstellbar, dass ich eines Tages wieder glücklich sein kann, obwohl mein Kind verstorben ist. Heute weiß ich, dass alle ihre Kinder oder Angehörigen genauso geliebt haben wie ich meinen Timo, aber sie haben es eben auch geschafft, wieder glücklich zu werden. Natürlich ist das der härteste, steinigste, schwerste und anstrengendste Weg, den ich je gehen musste, und das geht jedem Hinterbliebenen so. Aber es ist möglich. Und ich will allen Betroffenen Mut machen, nicht aufzugeben. Mit diesem Gedanken kann ich endlich einschlafen.

Um halb sieben klingelt der Wecker und ich stehe auf, allerdings wesentlich langsamer als sonst. Ich habe so einen Muskelkater, ich weiß gar nicht, wie ich die Treppen zum Frühstücksraum runterkommen soll. Ich humple wie eine alte Oma.

Die heutige Strecke geht nach Palais de Rei. Es sind 25 Kilometer mit über 700 Höhenmetern. Wie soll ich das schaffen, mit dem Muskelkater? Blasen oder Verletzungen habe ich Gott sei Dank noch keine. Meine Stiefel habe ich extra drei Wochen lang vor dem Start nach Spanien täglich getragen, um sie einzulaufen.

Nicht zu rauchen, ist mittlerweile sehr schwer. Gott sei Dank gibt es auf den Strecken keine Tabakläden. Von daher bleibt mir gar nichts anderes übrig, als abstinent zu bleiben. Aber meine Gedanken kreisen immer um Zigaretten und wenn irgendwo jemand mit einer Kippe steht, würde ich mich am liebsten daneben stellen und wenigstens den Geruch einatmen.

Am Startpunkt in Portomarin stehen zwei Steinsäulen. Eine mit der Aufschrift Complimentario nach rechts und auf der anderen steht 89,422 km nach links. Hm, was bedeutet das? Ich gehe einfach nach rechts, dann werde ich es schon rausfinden.

Es geht ewig lang einen Waldweg steil hoch. Nach den ersten Metern merke ich den Muskelkater gar nicht mehr und komme in eine Art Flow. Ich fange an, über alles nachzudenken, was mir so in den Kopf kommt. Da ist nichts Negatives oder Trauriges. Mir geht es richtig gut, ich habe nur schöne Gedanken und ich genieße die Landschaft. Ich denke darüber nach, dass ich psychisch wieder total stabil bin. Mittlerweile brauche ich keinerlei Medikamente mehr, weder zum Schlafen noch Antidepressiva. Alles, was ich erlebt habe, oder erleben musste, hat mich unheimlich stark gemacht. Ich suche nichts und ich renne auch vor nichts davon. Ich kann es prima mit mir alleine aushalten.

Als ich endlich oben bin, mache ich eine kurze Pause und bekomme mit, wie sich zwei andere Pilger darüber unterhalten, dass Complimentario bedeutet, dass dies der anspruchsvollere Weg ist. Ich Depp. Hätt ich mal lieber gegoogelt.

Auf der App kann ich mir die ganze Strecke mit Höhenmetern anschauen. Es ist nicht so, dass man da kurz einen Berg hochgeht und dann wieder runter, nein, diese Berge sind kilometerlang. Und es geht eigentlich immer nur bergauf. Und die Berge sind in echt genauso steil, wie sie in der App aussehen, das habe ich gestern deutlich gespürt. Irgendwo hängt immer ein orangefarbener Punkt, der bin dann ich. Die letzten fünf Kilometer sind heute echt hart.

In Palais de Rei übernachte ich auf einer Finca in Alleinlage. Nichts drum rum, alles ruhig. Ich kann den Urlaub voll und ganz genießen, vor allem das Alleinsein. Es tut richtig gut. Ich vermisse tatsächlich gar nichts, außer Zigaretten natürlich. Ich sitze noch etwas im Innenhof und rufe zu Hause an. Bei mir sind es noch 28 Grad und Jürgen sagt, dass es zu Hause in Strömen regnet.

Hochwasser

Heute geht es nach Melide, knapp 15 Kilometer. Ein Klacks! Aber dann sehe ich, wie steil die Berge sind. Dagegen waren die der letzten beiden Tage Flachland.

Ich schaue vor dem Losgehen auf WhatsApp noch ein bisschen Status und sehe, dass der Angestellte von Tassilos Vermieter Sandsäcke vor den Hof gelegt hat. Das kommt ab und zu mal vor. Wenn der Bach übertritt, läuft das Wasser dank der Säcke am Hof vorbei. Tassilo ist ein paar Tage auf einem Driftrennen und sein Vermieter im Urlaub. Ich schreibe dem Angestellten spaßeshalber: »Muss du den Hof alleine retten?« Da schickt er mir ein Foto zurück, auf dem ein Auto von Tassilo bis zum Lenkrad im Wasser steht, mit dem Kommentar: »Den Kampf habe ich verloren.«

Ich drehe fast durch, weil ich weiß, wie es meinem Bub damit geht. Jemand, der keinen Bezug zu Autos hat, kann das nicht verstehen. Aber in diesen Fahrzeugen stecken Unmengen an Geld, Arbeit und Herzblut. Ich rufe bei Jürgen an. Er sagt, es ist überall Hochwasser, teilweise bis zu eineinhalb Meter hoch. Und ich sitze in Spanien und kann nichts tun.

Im Ort kaufe ich mir erst mal eine Schachtel Zigaretten, auf den Schock muss ich eine rauchen. Ich bin fix und fertig. Jürgen kann sich kaum bewegen, denn seit Januar hat er Muskelrheuma. Tassilo ist nicht da, sein Vermieter in Italien, und alles geht unter.

Ich muss den Jakobsweg zu Ende laufen, ich komme hier nicht weg. Aber meine Gedanken sind nur zu Hause und ich kann das Gehen kaum genießen. Ich telefonierte immer wieder mit Jürgen. Er sagt, bei uns ist der Keller voll, aber nicht so schlimm wie vorne bei Tassilo und seinem Vermieter.

Tassilo ist mittlerweile vom Driften zurück und wohnt erst mal bei uns, weil es bei ihm weder Wasser noch Strom gibt. Jürgen bietet auch seinem Vermieter an, bei uns unterzukommen. Der anderen Nachbarin, die mit ihrem Mann und vier Kindern in dem Haus lebt, gibt er einen Haustürschlüssel, damit sie wenigstens duschen und ihre Wäsche bei uns waschen können.

Das beruhigt mich etwas und ich fange wieder an, mir die tollen Eukalyptuswälder anzuschauen und vor allem, sie zu riechen. Ich atme tief ein. Diesen Duft kann man nicht beschreiben, er ist viel intensiver als ein Eukalyptusbad. Einfach herrlich. Diese Bäume faszinieren mich immer mehr, ihr Stamm schält sich und diese Schale hängt wie einzelne Fetzen herunter. Ich knipse ein Blatt ab, um daran zu riechen, es riecht aber nach nichts. Seltsam. Ich nehme ein Stück Rinde und reibe es in meinen Händen. Das riecht aber auch nicht. Das gibts doch nicht, was riecht an den Bäumen so? Irgendwo muss der Geruch ja herkommen. Vielleicht duften die Blätter der kleinen Bäume noch nicht so intensiv? An die großen komme ich nicht ran, da sie sehr hoch sind. Ich werde das mal googeln. Auch Dill wächst überall am Wegesrand, der ist ebenfalls nicht zu überreichen.

Plötzlich sehe ich rechts von mir eine Laterne und auf der steht der Name Timo. Ich schaue nach oben und sage: »Na, bist du auch dabei?« Ich lächele. Als ich wieder geradeaus schaue, läuft ein Mann vor mir, der seinen Schlafsack so über dem Hintern verschnürt hat, dass es aussieht, als hätte er einen riesigen Po. Ich muss lachen, schaue wieder nach oben und sage: »War ja klar …«. Genau Timos Humor.

Es geht steile Steinwege rauf und auch wieder runter, das ist sehr anstrengend, da ich teilweise sogar klettern muss. Ich bin fasziniert davon, was mein untrainierter Körper leisten kann. Ich habe sogar das Gefühl, es geht von Tag zu Tag besser. Auch mit der Luft beim Atmen.

Meine Lunge ist nicht mehr die beste, aber ich schaffe den Weg trotzdem, nur halt langsamer. Also heißt es erst recht: Carpe diem – nutze den Tag! Ich will in meinem Leben noch so viel machen.

Dass ich es nicht schaffe, mit dem Rauchen aufzuhören, nervt mich total. Ich ziehe immer alles durch, was ich mir in den Kopf setze, aber das kriege ich nicht hin. Für meine Lunge gibt es keine Chance auf Besserung, was kaputt ist, ist kaputt. Ihr Zustand wird sich weiter rapide verschlechtern, wenn ich nicht mit dem Rauchen aufhöre, das weiß ich, deshalb werde ich es immer wieder versuchen, bis ich es endlich schaffe. Aber nicht jetzt.

An den nächsten Tagen sind die Berge noch steiler als zuvor. Ich laufe einfach noch langsamer, ich hab Zeit, da die Strecke nicht so lange ist. Es hat knapp 30 Grad und es weht kaum Wind.

Bei den anderen Pilgern sehe ich, dass mittlerweile schon viele Hinkebeine unterwegs sind. Aber alle laufen trotzdem weiter. Auch ich merke die Strapazen der letzten Tage. Mein linkes Fußgelenk tut weh, vor allem beim Bergablaufen. Ich klebe ein Voltaren-Pflaster drauf. Auch eine Druckstelle am anderen Bein ist entstanden, darauf habe ich ein kleines Polster gemacht. Das ist beides noch im grünen Bereich und ich laufe mich trotz dieser kleinen Blessuren in den Flow.

Ich halte stetig Kontakt mit daheim, um zu wissen, was das Hochwasser macht. Meinen Autos ist zum Glück nichts passiert, Jürgen hat sie in letzter Sekunde gerettet und sie auf eine Erhöhung gebracht, wo kein Wasser war. Dass zu Hause die Welt untergeht und ich hier in Spanien bin und nichts tun kann, macht mich wahnsinnig.

Eines habe ich auf dieser Pilgerreise jedenfalls schon gelernt: Ich bin einfach nicht der Typ Mensch, der irgendwo rumwandert und über sich selbst nachdenkt. Es bringt mir viel mehr, anderen zu helfen. Mir fällt ein, dass eine Kollegin aus der Seelsorge, Petra, nach einem Suizid-Einsatz mal zu mir gesagt hat: »Es muss da oben im Himmel einer sein, der dich immer dorthin bringt, wo man dich gerade braucht.« Wenn ich mich jetzt daran erinnere, bekomme ich Gänsehaut. Da ist es wieder: Das Gefühl, dass Timo immer bei mir ist. Er fühlt sich so nah an, fast, als würde er mir in den Nacken atmen. Mir wird ganz warm von innen heraus.

Es ist echt komisch. Auch wenn ich von Einsätzen nach Hause fahre und die Musik aufdrehe, kommt manchmal genau ein Lied aus der Playlist, das ich mit ihm in Verbindung bringe, obwohl sie auf Zufall gestellt ist und über 500 Titel enthält. Als würde er mich in den Einsätzen begleiten.

Einmal saß ich mit Angehörigen in der Küche und schaute irgendwann zufällig zur Fensterbank. Da stand ein Blumentopf mit verdorrtem Thymian. Auf dem Blumentopf stand ganz groß Timo drauf, was auf italienisch Thymian heißt.

Bei einem anderen Einsatz hat ein junger Kerl Namens Timo den Verstorbenen reanimiert und dann kam dessen Cousin dazu, der Silas hieß. Mein Timo hieß Timo Silas.

Ob ich mir das zusammenspinne? Mag sein, aber selbst wenn, ist es mir egal. Es ist ein unheimlich gutes Gefühl, dass er immer bei mir ist, und es macht mich glücklich. Ich bin ihm so dankbar für alles, was er mir über seinen Tod hinaus beigebracht hat.

Der Preis dafür, dass ich das alles lernen und umdenken durfte, war viel zu hoch. Darüber gibt es keine Diskussion. Mir wäre es natürlich viel lieber, Timo wäre noch hier und ich hätte das alles nicht erlernen müssen. Jedoch kann ich es nicht mehr ändern und ich muss versuchen, das Beste daraus zu machen. Man muss in allem Negativen auch etwas Positives suchen. Es ist schwer, herauszufinden, was es Positives am Verlust eines Kindes gibt, aber man kann etwas finden, und wenn es nur die schöne Zeit ist, die man zusammen hatte.

Geschafft!

Endlich beginnt die letzte Etappe von A Rua nach Santiago de Compostela. Die Berge sind heute nicht mehr so schlimm wie am Vortag, es geht nur über 320 Höhenmeter und soll auch nicht so warm werden.

Ich gehe wunderschöne Waldwege und komme an einer Finca vorbei, die in absoluter Alleinlage ist. Eine Steinmauer umfasst das Grundstück, danach kommen Wiesen und ein großes Stück Wald, das gehört wohl alles dazu. Wahnsinn, so etwas würde mir auch gefallen. In dem Waldstück laufen sogar ein paar Pferde und Kühe herum. Das wäre genau meins. Ich könnte mir durchaus vorstellen, im Rentenalter nach Italien oder Spanien auf so eine Finca auszuwandern.

Aber ein paar Arbeitsjahre habe ich noch vor mir. Ich werde auf jeden Fall mit meiner ehrenamtlichen Arbeit weitermachen. Ein Leben ohne *KID* kann ich mir nicht mehr vorstellen. Für mich ist klar, wie heilsam es für mich selber war und immer noch ist, präventiv zu arbeiten und anderen ehrenamtlich zu helfen.

Ich will auch weiter in der *NaSpro* mitarbeiten. Die S3 Leitlinie wird 2025 erscheinen. Aber schon arbeite ich mit meiner *AG Erfahrene* an einem neuen Projekt mit: Es nennt sich *SuiLearning*. Das wird ein E-Learning Programm mit einem Grundkurs Suizidprävention im Gesundheitswesen. Zudem entwickeln wir eine App, in der man den Grundkurs machen kann und dazu noch Fachkurse für den jeweiligen Fachbereich. Sie richtet sich an alle Berufsfelder, die mit Suizidalität in Berührung kommen könnten, also Ärzte, Altenpfleger, Apotheker, Pädagogen, Sozialarbeiter, Lehrer usw.

Meinen Alltag möchte ich auf keinen Fall runterfahren, ich brauche meinen positiven Stress, und ich liebe die Action in meinem Leben.

Auch der Aufbau meiner Praxis steht an, wenn ich nach Hause komme. Ich will alles ganz langsam angehen lassen. Erst muss ich im oberen Stockwerk meines Hauses noch meinen Praxisraum fertig herrichten und ein Firmenschild sowie Visitenkarten machen lassen. Dafür hat mir Rasto schon ein Logo mit wegfliegenden Puzzleteilen gemalt, die zeigen sollen, dass man ein zerbrochenes Puzzle wieder zusammensetzen kann, wie eben auch das seelische Befinden in der Psychotherapie.

Ich werde meine Praxis nach und nach aufbauen, damit ich mich, wenn ich älter bin, aus dem Studio zurückziehen kann. Und wer weiß, vielleicht gehts irgendwann wirklich mal in der Rente in den Süden.

AM ZIEL

Es geht einen Berg hoch, der mindestens vier Kilometer lang ist. Als ich oben bin, sehe ich Santiago de Compostela. Wow. Ich habe es wirklich geschafft.

Hinter der Kathedrale ist ein riesiger Platz, auf dem Hunderte von Pilgern sitzen. Diese Menge hatte ich gar nicht auf dem Schirm, die verteilt sich so über die ganze Strecke, dass man gar nicht mitbekommt, wie viele Pilger unterwegs sind. Ich frage mich durch, wo ich die *Compostela*, also die Urkunde für den Jakobsweg, bekomme. Ich gehe eine Gasse runter und natürlich wieder: Treppen, Treppen, Treppen. Sie sehen toll aus, aber wenn man sie immer wieder rauf und runter steigen muss, sind sie nicht mehr so schön. Also mein Verhältnis zu Treppen hat sich auf dieser Reise jedenfalls nicht gerade verbessert.

Endlich bin ich bei dem Amt, das die Urkunden ausstellt. Es sieht aus wie in einer Zulassungsstelle. Draußen hängt ein Monitor mit einem QR-Code, mit dem man sich registrieren muss. Danach zieht man eine Nummer und muss warten, bis sie aufgerufen wird. Oben an der Decke hängt ein Monitor, auf dem steht, dass ich heute Pilgerin Nummer 1124 bin. Krass, so viele.

Schließlich halte ich meine Compostela in der Hand und gehe damit zu einem Aussichtspunkt. Ein letztes Mal schaue ich über die Berge, durch die ich eine Woche lang gelaufen bin. Jetzt glühen sie im Sonnenuntergang, und obwohl ich eigentlich nicht kitschig veranlagt bin, treibt es mir die Tränen in die Augen.

Wahnsinn, was in den letzten acht Jahren alles passiert ist. Mein Leben wurde von einem Tag auf den anderen völlig aus den Angeln gehoben und mir ging es so schlecht, dass ich selbst nicht mehr leben wollte. Aber ich habe es geschafft, mich wieder zurückzukämpfen. Das waren verdammt schmerzhafte und lange acht Jahre, aber wenn man diese Zahl daran misst, dass ich 17 Jahre mit Timo verbringen durfte, und auch an der Länge meines eigenen Lebens, ist es gar nicht mehr so viel.

Timo wird nie weg sein. Er lebt in all den schönen Erinnerungen weiter, die ich an ihn habe. Mir fällt das Gedicht ein, das auf seiner Gedenkseite im Internet steht. Ich wusste nicht mal, dass es eine solche Gedenkseite gibt, meine *KID*-Kollegin Gerti, die auch als Trauerrednerin arbeitet, hat mich darauf aufmerksam gemacht. Ich weiß nicht, wer das Gedicht geschrieben hat, aber es spricht sicher vielen Hinterbliebenen aus der Seele.

Die Seele wählte diesen Tag…

Sich aus unsagbarem Leiden
für das Ende zu entscheiden,
weil sich keine Wege fanden,
bleibt wohl immer unverstanden…

Wie in einem bösen Traum
steh´n die Fragen starr im Raum.
Könnt man solche Tat verhindern,
wär so arger Schmerz zu lindern?

209

Was musste wohl ein Mensch ertragen,
um den letzten Schritt zu wagen?
Die Welt steht still und alles schweigt,
denn jene Qual wurd´ nie gezeigt!

So wuchs der Drang zur letzten Reise,
der Schrei nach Hilfe war zu leise,
niemand muss sich jetzt empören,
er war ganz einfach nicht zu hören.

Die Seele wählte diesen Tag …
Als sie der Sehnsucht still erlag,
war alles Leid ganz schnell vorbei…
Ein Moment … dann war sie frei.

Verzweifelt ist man und schockiert.
Warum nur, ist es so passiert?
Trauer macht die Herzen schwer
und man ertrinkt im Tränenmeer.

Doch steht es uns nicht zu, zu klagen,
wir haben nie die Last ertragen …
Respektiert den Wunsch nach Stille,
urteilt nicht, es war sein Wille.

Ich wische mir die Tränen weg. So viele Menschen haben
etwas auf Timos Gedenkseite geschrieben, auch noch viele Jahre nach seinem Tod. Er bleibt unvergessen. Und das
ist wunderschön.

HILFSANGEBOTE

Bei akuter Suizidalität in die Notaufnahme fahren oder 112 wählen!

Jugendtelefon: 116111

U25 – Online-Suizidprävention
www.u25.de
U25 ist eine Mail-Beratung für suizidgefährdete Jugendliche bis 25 Jahre. Du wirst dort kostenlos und anonym von speziell ausgebildeten Peers zu den Themen Suizid und Depression beraten.

Telefonseelsorge
www.telefonseelsorge.de
0800 / 111 0 111
0800 / 111 0 222
Die Telefonseelsorge berät am Telefon (kostenlose Hotline), per Mail oder im Chat.

AGUS (Angehörige um Suizid)
www.agus-selbsthilfe.de
AGUS bietet Beratung und Selbsthilfegruppen für Trauernde nach einem Suizid, für Menschen, die beruflich mit dieser Todesart in Berührung gekommen sind oder für

Eltern, Erzieher, Lehrer, Ärzte, Pfarrer etc., von denen kompetente Hilfe zu diesem Thema erwartet wird.

TREES of MEMORY

www.tress-of-memory-ev.com
TREES of MEMORY gibt Menschen, die einen Angehörigen durch Suizid verloren haben, eine neue Lebensperspektive.

Youth Life Line

www.youth-life-line.de
Youth-Life-Line ist eine Online-Beratung speziell für Jugendliche und junge Erwachsene bis 25 Jahre in akuten Krisen und bei Suizidgefährdung.

Freunde für Leben

www.frnd.de
Seit 2001 klärt der Verein Jugendliche und junge Erwachsene über die Themen mentale Gesundheit, Depression und Suizid auf. Es ist ein Hilfsangebote-Finder und es gibt auf der Seite viel Aufklärung.

MANO - Suizidprävention

www.mano-beratung.de
Eine niedrigschwellige und anonyme Onlineberatung für Menschen ab 26 Jahren mit Suizidgedanken.

Bayerischer Krisendienst

Hilfe bei psychischen Krisen
www.krisendienste.bayern
Tel. 0800 / 6553000

WEITERFÜHRENDE INFORMATIONEN

Deutsche DepressionsLiga e.V.
www.depressionsliga.de

Stiftung Deutsche Depressionshilfe und Suizidprävention
www.deutsche-depressionshilfe.de

Die Arche - Suizidprävention und Hilfe in Lebenskrisen e.V.
www.die-arche.de

AOK: Familiencoach Depression
Für Angehörige depressiv erkrankter Menschen bietet die AOK mit dem Programm»Familiencoach Depression« in Videos, Texten und Bildern Unterstützung speziell für Angehörige.
www.aok.de

ANZEICHEN UND SYMPTOME

Diese Anzeichen können auf einen Suizid hinweisen:

- Abkapseln von Freunden und Familie, Rückzug aus der Gemeinschaft, Freudlosigkeit, stille
- starke Veränderungen von Ess- oder Schlafgewohnheiten (viel zu viel oder viel zu wenig)
- starke körperliche Veränderungen: Gewicht, Kleidung, Schmuck, Suchtverhalten
- große Hoffnungslosigkeit, Depression oder andere psychische Belastungen
- massive Verschlechterung der schulischen Leistungen
- vorangegangene Suizidversuche oder Suizidäußerungen, direkt oder versteckt, z.B. »Ich kann nicht mehr« oder »Mein Leben ist sinnlos«
- Abschiedsbriefe, entsprechende Gedichte, Zeichnungen
- psychosomatische Probleme
- aggressives oder autoaggressives Verhalten
- Verschenken von persönlichen Dingen

WIE KANN ICH HELFEN?

- zuhören, zuhören, zuhören
- Geduld und Verständnis zeigen
- nach konkreten Suizidgedanken und -plänen fragen
- biete an, die Person zu einem Arzt oder zu einer Beratungsstelle zu begleiten
- suche Dir Ansprechpartner: Eltern, Lehrer, Beratungsstellen

Falls Du unsicher bist, sei mutig: Gehe auf die Person zu und frage nach. Dein Mut kann Leben retten!

GEFÄHRDENDE FAKTOREN

Fachleute haben einige Punkte zusammengetragen, die in den meisten Fällen einem Suizid vorangehen. Gefährdet sind Kinder und Jugendliche jedoch erst dann, wenn mehrere dieser Symptome zusammen auftreten:
Kinder und Jugendliche, die ...
... das Gefühl haben, dass sie anderen im Weg sind.
... nicht gewollt sind und dies auch zu hören bekommen.
... den Verlust eines geliebten Menschen befürchten.
... in gewalttätigen Familien aufwachsen.
... sexuell ausgebeutet werden.
... deren Familie intakt scheint, aber nur, weil sie sich abkapselt und keine Außenkontakte zulässt.
... mit Drogen in Berührung kommen.
... nach Enttäuschungen von ihren Eltern nicht aufgefangen werden, sondern nur Vorwürfe bekommen.
... ständig unter Schulstress stehen.
... deren Tage ohne jegliche Höhepunkte vergehen, ohne Feste, ohne Erinnerungen an bestimmte, einzigartige Augenblicke.
... bisher vergeblich versucht haben, auf sich aufmerksam zu machen, z.B. durch lügen oder stehlen, damit sie endlich wieder beachtet werden, oder weglaufen, um zu testen, ob ihre Eltern sich Sorgen machen.
... ständig die Schule schwänzen.
... sich in Entwicklungsphasen befinden, in denen sich

vieles verändert, z.B. in der Pubertät.

... häufig von ihren Eltern leichtfertige Äußerungen hören, wie: »Dann bringe ich mich eben um.«

... so lieb und problemlos erscheinen, dass man glaubt, ihnen keine besondere Beachtung schenken zu müssen, oder die Geschwister haben, um die sich alle Sorgen machen.

... wenig mit ihren Eltern sprechen.

... aus Familien kommen, in denen Eltern oder Geschwister unter Depressionen leiden.

... schon mal einen Suizidversuch unternommen haben.

... selbst einen Autounfall verschuldet haben.

... mit dem Gesetz in Konflikt gekommen sind.

... bereits Suizidfälle in der Familie erlebt haben.

... körperliche Gebrechen haben bzw. nicht mit ihrem äußeren Erscheinungsbild fertig werden.

... eine geliebte Person verloren haben.

APPELL AN JUGENDLICHE

- Suizidgedanken sind in der Pubertät normal.
- Krisen sind vorübergehend.
- Sprich offen und ehrlich über deine Probleme.
- Zeige deine Stimmungsschwankungen.
- Du bist mit deinem Kummer nie allein.
- Ziehe dich nicht zurück.
- Suche eine Vertrauensperson.
- Setze dich mit ihr auseinander.
- Rede mit vielen Menschen über deine Probleme.
- Schreibe Tagebücher.
- Schreibe Gedichte oder Geschichten.
- Denke daran: Du bist nie allein.
- Suche nach neuen oder anderen Wegen.
- Überlege alternative Lösungen.
- Wer einmal suizidal war, der ist es nicht ein Leben lang!

Quellen:
- »Utopia Blues – Manie, Depression und Suizid im Jugendalter«, Marianne Rutz
- Flyer der Organisation U 25
- ICD-10, Suizidprävention Deutschland – Aktueller Stand und Perspektiven 2021

DANKSAGUNG

Ich bedanke mich ...

... bei all unseren Freunden, die immer für uns da waren und uns bis heute unterstützen.

... bei meiner gesamten Familie, besonders bei Jürgen und Tassilo. Ich bin sehr froh, sie zu haben.

... bei den Freunden von Timo, die auch acht Jahre später immer noch den Kontakt zu uns halten.

...bei Iris und Jutta von *Trees of Memory*, die mich unterstüzen, mir Halt oder einfach mal nur Tipps geben, ihr seid so wertvoll für mich.

...beim Lungenfacharzt Dr. Hautmann, der mir, so darf man das ruhig sagen, das Leben gerettet hat. Ohne ihn wäre ich wahrscheinlich heute nicht mehr da. Ihm gilt sehr viel Anerkennung für seine empathische und freundliche Art und auch für die Zeit, die er sich für seine Patienten genommen hat. Leider ist er nun im wohlverdienten Ruhestand. Aber viele Ärzte könnten sich an ihm ein Beispiel nehmen.

... bei der *AGUS* e.V. Selbsthilfegruppe Memmingen, besonders bei Franz und Gela, für die entstandene Freundschaft.

... bei all meinen Ärzten, Doktoren & Professoren aus *NaSPro*, S3 Leitlinie usw. für das entgegengebrachte Vertrauen und die unheimlich tolle Zusammenarbeit.

... bei all meinen lieben *KID* & Seelsorge Kollegen, auch die, die hier im Buch nicht erwähnt wurden, weil ich zu wenige Einsätze oder noch gar keine Einsätze mit euch hatte! Ich bin davon überzeugt, dass die Einsätze noch kommen werden. Ihr seid alle toll!

... sowie bei allen Menschen, ob privat, ehrenamtlich oder geschäftlich, von denen ich immer weiter dazulernen darf. Ohne euch könnte ich nicht so viel leisten und Dinge an den Stellen anbringen, wo es wichtig ist, dass sie gehört werden.

Mein spezieller Dank gilt nach wie vor Manu, die bis heute meine engste Vertraute ist und meine Frechheiten und gute Launen, in seltenen Fällen auch mal schlechte Launen, alle erträgt. Und auch Siggi & Paule genauso wie Heidi & Thomas für die jahrelange Freundschaft und Unterstützung. Sie sind immer da, wenn man sie braucht. Siggi ist einer der liebenswertesten Menschen, den ich kenne. Es mag sich kaum einer vorstellen, aber Siggi schreibt mir jeden Morgen eine WhatsApp und wünscht mir einen tollen Tag oder einfach nur liebe Grüße mit Herzchen und Bussis. Und das sage und schreibe seit dem Tod von Timo. Also insgesamt nun acht Jahre. Ich kenne niemanden, der so konstant und täglich an andere denkt. Sie vergisst auch keinen Todes- oder Geburtstag, an dem sie mir noch mehr liebe Worte schreibt. Ich bewundere sie dafür und bin unendlich dankbar, dass sie das für mich tut.

Besonders bedanken möchte ich mich auch bei Anna Castronovo, die auch dieses Buch wieder mit mir geschrieben hat. Ohne Sie wäre dieses Projekt nicht möglich gewesen. Giusy Amè hat ein tolles Cover gezaubert und Autor Christian Strzoda, der nebenberuflich als Notfallsanitäter arbeitet, hat dieses Buch kostenlos lektoriert, um unser Projekt zu unterstützen. Super Testleser waren Rolf, Corinna, Maria & Martin sowie Franz & Gela. Danke euch alles für die Unterstützung!

DIE AUTORINNEN

Pam Metzeler wurde 1978 geboren. Sie ist Mutter von zwei Söhnen und betreibt ein Tattoo- und Piercing-Studio. Am 6. Oktober 2016 nahm sich ihr jüngerer Sohn Timo im Alter von 17 Jahren das Leben.

Seitdem engagiert sie sich ehrenamtlich: Seit 2019 ist Pam erste Anlaufstelle für Suizid-Hinterbliebene über *Trees of Memory*, seit 2020 ist sie in der *Deutschen DepressionsLiga* und im Auftrag derer seit 2021 in der *NaSPro* Steuerungsgruppe. Sie wirkt an der Erstellung der S3-Leitlinie für Suizidalität mit.

Pam hat 2021 einen *Mental Health First Aid* Lehrgang absolviert, 2022 die Zusatzausbildung für EMDR & Traumatologie gemacht und 2023 die Ausbildung zur Krisenintervention abgeschlossen. Im Kriseninterventionsdienst ist sie bis heute tätig. 2023 hat sie auch die Ausbildung zur Psychologischen Beraterin und 2024 zur Heilpraktikerin für Psychotherapie abgeschlossen. Seit Juli 2024 ist sie in ihrer eigenen Praxis tätig.

Anna Castronovo (Jahrgang 1977) ist Autorin, Journalistin und Übersetzerin. Sie hat erst in Perugia Italienisch studiert, und dann am Sprachen- und Dolmetscherinstitut in München Übersetzung.

Anschließend hat sie eine Ausbildung beim DLV Verlag absolviert, wo sie auch sechs Jahre lang als Redakteurin, Korrektorin und Ressortleiterin tätig war.

Seit 2013 arbeitet sie als freiberufliche Übersetzerin, schreibt als freie Journalistin für verschiedene Zeitschriften und hat mehrere Bücher veröffentlicht. Anna lebt mit ihrem Mann und ihren beiden Töchtern in München.

Bisher von Anna Castronovo erschienen:

Sizilien-Romane:
Klosterkind
Fluch der Saline
Kaktusfeigen
Der Puppenspieler von Palermo

Pferde-Krimis:
Black Night – Das Experiment
Stutenblut – Der Skandal

Islandherzen-Romane:
Band 1: Regenbogenhimmel
Band 2: Lupinenmädchen
Band 3: Islandglitzer

Reiseführer:
Island zum Normalpreis – Snaefellsness
Island zum Normalpreis – Goldener Kreis und Südküste

Präventions-Projekt mit Pam Metzeler:
Dark Way – Die Geschichte eines Suizids
Way Back – Wie ich nach dem Suizid meines Sohnes wieder glücklich wurde

Weitere Informationen:
www.anna-castronovo.de

DARK WAY

DIE GESCHICHTE EINES SUIZIDS

Erschütternd. Berührend. Echt.

Der 6. Oktober 2016 beginnt wie ein ganz normaler Tag, bis Pam Metzeler gegen 13 Uhr eine WhatsApp-Nachricht erhält: Wie geht´s dir? Sie wundert sich, schreibt zurück: Alles wie immer, warum? Dann erfährt sie, dass im Dorf das Gerücht umgeht, ihr Sohn Timo hätte sich vor den Zug gelegt. Zwei Stunden später wird dieser Verdacht zur schrecklichen Gewissheit. Pams Welt bricht zusammen.

Wie schafft es eine Mutter, damit zurechtzukommen, dass ihr Kind sich das Leben genommen hat? Was geht in ihr vor? Wie kann sie weiterleben? Pam erzählt ihre Geschichte mit schonungsloser Ehrlichkeit und nimmt den Leser mit auf die dunkelste Reise ihres Lebens.

»Diese Geschichte geht ganz tief unter die Haut. Ich habe noch nie ein Suizid-Buch gelesen, das alle Facetten dieses Tabu-Themas so mitreißend und ehrlich darstellt, ohne etwas zu beschönigen.«
(Gela Kudela, Leiterin der AGUS-Selbsthilfegruppe.)

ISBN: 978-3-748-12848-9
Taschenbuch: 7,99 €; E-Book: 2,99 € (KU gratis)